1日1分でOK!

「解くだけ」で 理系脳 が目覚める本

ユーデック教育研究所 所長
植田 実
Minoru Ueda

SOGO HOREI Publishing Co., Ltd

はじめに

　先日、ある高校生に「スマホ1台あれば生きていける」といわれました。20年後、40歳近くになる彼は、ＡＩ（人工知能）時代で、どのような人生を歩んでいるのでしょう。

　2035年〜45年ぐらいには、ＡＩが人間の脳を凌駕するといわれています。2018年現在、存在している職業の半数以上をＡＩが担うとも予想されています。

　英オックスフォード大学でＡＩなどの研究を行うマイケル・Ａ・オズボーン准教授によると、運送や物流に関連する仕事やサービス業など、かなりの部分が消滅するとのこと。労働市場で生き残っていくためには、高いcreativityとsocial skillが必要になるということです。

　creativityはモノを創り上げる力、そしてsocial skillとは、コミュニケーション能力です。

　では、それらの能力を鍛えるには何が必要なのでしょうか。

　私は、「考えること」と「感じること」だと感じます。ＡＩは、この2つのスキルを持ち合わせていません。つまり、「知性」と「感性」を磨くことが、人間らしく生き残っていく条件ではないかと思うのです。

　今、「理系脳」が注目されています。ここでいう理系脳とは、ものごとを想像し、順序立てて考える力を指します。誰もが持っているとされるこの理系脳ですが、筋トレと同じで、鍛えないと目覚めることはありません。そのためにも、日々ニュース

を見て自分の考えを述べてみたり、色々なものを見て感じたりすることが欠かせないのです。けれども、仕事で忙しいみなさんは、なかなか時間が取れないのが実情ではないでしょうか。

　そこでご紹介したいのが、公立・私立中学校の入試問題です。
　入試問題というと、あまり良い思い出がないという方もいらっしゃるかもしれませんが、ご安心ください。本書では「解くだけで知性と感性を磨ける」良問をご用意しました。そのほかにも、「条件や情報を整理する」「法則や解法に則って、情報を数式に変えていく」「答えの論拠を明確にする」などの力を鍛えられる良問揃いです。中には大人でも挫けそうになる問題もありますが、ぜひ楽しみながらページをめくっていただきたいと思います。

　問題にはそれぞれ、解き方も添えてあります。ふだん私立・公立中高の入試問題の解説をはじめ、学校情報を発信し続けている著者が、問題の解き方を通じて考え方のコツをお伝えします。「思考を整理する力」がいかにビジネスシーンに必要なのか、きっとご理解いただけることでしょう。
　誰もが持つ「理系脳」を目覚めさせ、知性と感性のあるビジネスパーソンになっていただければ、著者としてこれほど嬉しいことはありません。

　　　　　　　　　　　　　　　　　　　　　　　　　植田 実

もくじ

はじめに …………………………………… 6
本書の使い方 ……………………………… 10

第1章 考えを整理してアウトプットする

- 問題01 [2017 香里ヌヴェール学院中学校] ………… 13
- 問題02 [2018 広島学院中学校] …………………… 17
- 問題03 [2018 西大和学園中学校] ………………… 20
- 問題04 [2017 桐朋女子中学校] …………………… 23
- 問題05 [2018 大妻中野中学校・改編] …………… 27
- 問題06 [2018 開成中学校・改編] ………………… 30
- 問題07 [2018 海城中学校] ………………………… 35
- 問題08 [2018 光塩女子学院中等科・改編] ……… 38

第2章 「基本の算数」で頭をやわらかくする

- 問題01 …………………………………………… 43
- 問題02 [2017 聖学院中学校] ……………………… 46
- 問題03 …………………………………………… 49
- 問題04 [2018 四天王寺中学校] …………………… 52
- 問題05 [2018 聖光学院中学校] …………………… 55
- 問題06 [2018 慶應義塾中等部] …………………… 58
- 問題07 [2018 桜蔭中学校] ………………………… 61
- 問題08 [2017 西大和学園中学校] ………………… 66
- 問題09 [2018 早稲田中学校] ……………………… 68
- 問題10 [2018 女子学院中学校] …………………… 71
- 問題11 [2018 豊島岡女子学園中学校] …………… 74
- 問題12 [2017 高槻中学校] ………………………… 77
- 問題13 [2013 開成中学校] ………………………… 80

第3章 想像力を駆使して「理系脳」を目覚めさせる

- 問題01 [2009 千代田区立九段中等教育学校] …… 85
- 問題02 [2018 洛南高等学校附属中学校] ………… 88
- 問題03 [2017 宮城県仙台二華中学校・改編] …… 91
- 問題04 [2018 海城中学校・改編] ………………… 95
- 問題05 [2018 ラ・サール中学校] ………………… 100
- 問題06 [2012 開成中学校] ………………………… 103
- 問題07 [2018 海陽中等教育学校・改編] ………… 106
- 問題08 [2018 甲陽学院中学校・改編] …………… 110

問題09 [2018 灘中学校] ………………………… 113
問題10 [2018 東京都立小石川中等教育学校] …… 116
問題11 [2010 本郷中学校] ………………………… 122

第4章
情報を整理して答えを導き出す

問題01 [2012 同志社中学校] ………………………… 127
問題02 [2017 高槻中学校] ………………………… 132
問題03 [2018 麻布中学校] ………………………… 135
問題04 [2018 早稲田中学校] ………………………… 140
問題05 [2018 浦和明の星女子中学校] …………… 144
問題06 [2018 東海中学校] ………………………… 148
問題07 [2018 渋谷教育学園渋谷中学校・改編] … 153
問題08 [2018 愛光中学校] ………………………… 156

第5章
情報を分析して解答を絞り込む

問題01
[2018 京都市立西京高等学校附属中学校・改編] … 161
問題02
[2012 千代田区立九段中等教育学校・改編] …… 164
問題03 [2018 筑波大学附属中学校] ………………… 168
問題04 [2018 東邦大学付属東邦中学校] ………… 172
問題05 [2018 渋谷教育学園幕張中学校] ………… 175
問題06
[2017 東京都立武蔵高等学校附属中学校] ……… 178
問題07 [2017 千代田区立九段中等教育学校] …… 181
問題08
[2017 札幌市立札幌開成中等教育学校] ………… 185
問題09 [2017 広島県立広島中学校] ………………… 190
問題10
[2018 東京都立小石川中等教育学校・改編] …… 196

おわりに ……………………………………………… 202

ブックデザイン・イラスト　藤塚尚子（e to kumi）
ＤＴＰ　横内俊彦
編　集　大島永理乃

本書の使い方

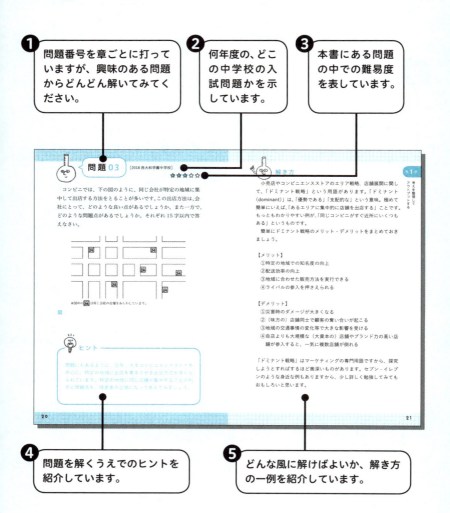

① 問題番号を章ごとに打っていますが、興味のある問題からどんどん解いてみてください。

② 何年度の、どこの中学校の入試問題かを示しています。

③ 本書にある問題の中での難易度を表しています。

④ 問題を解くうえでのヒントを紹介しています。

⑤ どんな風に解けばよいか、解き方の一例を紹介しています。

※ 本書にある解き方・解答は著者が独自に作成したものであり、解答に関する責任は著者に帰属します。各学校へのお問い合わせはご遠慮ください。

※ 句読点や問題番号など、実際の入試問題を編集上一部変更して作成しています。あらかじめご了承ください。

第 1 章

考えを整理してアウトプットする

prologue

「解けること」より
「解こうとする姿勢」が
考える力を養う

　いよいよ次ページから、実際の中学入試問題を紹介していきます。

　中には難しいと感じる問題もあるかと思いますが、ご安心ください。

　大事なのは、解けることよりも、「解こうとする姿勢」だからです。10秒でも向き合っているうちに、何かしらのヒントや解けそうなきざしが見えてくるはずです。もしも、そのようなきざしが見えてこなかったとしても、あきらめず取り組み続けることで、今までとは違う発想が出てくるようになることでしょう。

　ここ数年、中学入試問題には、単純な計算問題というより、自分の力で考え、問題提起し、解決に導くといった「思考型」の問題が増えています。これは、様々な情報があふれ、正解が1つではない現代において、自ら考え動くことが求められている証でもあると考えます。

　まずは楽しむつもりで、一つひとつチャレンジしてみてください。

問題 01

[2017 香里ヌヴェール学院中学校]

問1 現在、私たちは「ジュース」「切符」など様々なものを自動販売機で買うことができます。その他に、どのようなものを買うことができますか。3つ以上あげましょう。

```
ジュース、切符
```

問2 問1であげたものが売られている自動販売機は、どのような場所にありますか。また、だれが、いつ利用しますか。具体的な場面を想像して書きましょう。少なくとも1つは答えること。なお、「ジュース」「切符」を選んでもかまいません。

売っているもの	具体的な場面

問3 問1、問2であげたもの以外に、もし、あなたが何かを自動販売機で売るとすれば、何を売りますか。それは、なぜですか。少なくとも1つは答えること。

売るもの	理由、目的など

問4 より良い社会のために、あなたがこれから新しい自動販売機をつくるなら、どのような自動販売機をつくりますか。また、なぜそう考えましたか。理由も含めて200字以内で書きましょう。なお、問3で考えたものを使ってもかまいません。

（横書き）

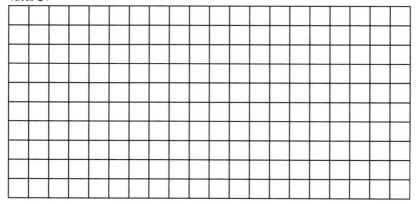

ヒント

何を書いてもいいというところがポイントです。要は「正解がない」ということ。想像や妄想する能力が大事なのだという学校からのメッセージです。AIには想像や妄想はできませんから、とても人間らしい作業をするということです。

 解き方

問1 日頃の生活感がモノをいう問題です。自分の住んでいる街や知っている街の様子を思い浮かべてみましょう。一般的なジュースと切符がすでに例で挙げられているので、それ以外のものを考えてみます。

問2 ここも問1と同じく、現実の場面を思い浮かべます。「街角のあそこにあった」とか、「あそこの休憩したくなるようなところにあった」などと思い浮かべることで、頭の中が整理されていきます。問1と問2は頭を整理する問題といえるでしょう。

問3 「これができたらいいなあ」を想像する問題です。解答を見ることで、解く人がどれだけ想像力をめぐらせたかが如実にわかる問題ともいえます。「地震になったとき自動販売機に何があったらうれしいか？」「スーパーで売り切れていても、自動販売機で売っているから買えて安心なものは何か？」など、自らに問いを立てることで想像力を働かせましょう。

問4 ポイントは「より良い社会のために」。問3は「（あなたが）自動販売機で何を売りますか」でしたが、ここは「社会のために何を売るか」です。より周りが喜ぶものを挙げる必要があります。実はこの問題に至るまで、考え方を教えていることに気がついたでしょうか。問1〜3はいわば助走。この問4の回答こそ、本当に学校が知りたい思考力だったといえます。

答え

問1　本、バナナ、お菓子、タバコ、入場券

問2　本：駅のホーム、バナナ：駅改札近く、タバコ：スーパーの近く、入場券：水族館や動物園、ナプキン：トイレ、電池：家電量販店

問3　傘：近くにコンビニなどがないとき便利だから、募金の権利：コンビニや人のいるところだとしにくいが、自動販売機なら気軽に募金できるから

問4　各地のおみやげが買える自動販売機を作りたいと思います。これからオリンピックに向け、外国の人もたくさん日本に来ます。しかしおみやげが買えるのは駅や観光地など、場所が限られています。営業時間にも限りがあります。宿泊場所は繁華街以外にもあることを考えると、もっと気軽におみやげを買えたほうが楽しめるし、場所を気にせずに済むからです。レジに並ばずに買えるのも利点だと考えます。（184字）

身につく力

　この問題のポイントはずばり、問題の流れにあります。問1～3の設問を通じて思考の整理を行わせたうえで、最後の問4に到達させて答えさせるという工夫がされています。問題を順に解きながら順序立てて考えることで、思考力を養うことができます。この問題を本書で取り上げたのも、そういった意図からでした。繰り返し解くことで、考える習慣が身につくでしょう。上記の答えはあくまで解答例です。自由な発想で考えてみてください。

問題02 [2018 広島学院中学校]

下の図のようなマークをピクトグラムといいます。2020年のオリンピックに向けて、このようなマークが街に多く掲げられる予定です。ピクトグラムにはどのような利点があると考えられますか。答えなさい。

図

ヒント

ピクトグラムの利点を説明する問題です。考え方のポイントは、2020年のオリンピックに向けて街に多く掲げられるということです。オリンピックには、海外から大勢の観光客がやって来ます。日本語が理解できない外国人にいかに端的に伝えるかという視点から考えてみましょう。

解き方

　ピクトグラムとは一般に「絵文字」「絵単語」といわれるもので、文字ではなく視覚的な図で表現されます。例として用いられているものは、エレベーターや自動販売機、温泉のピクトグラム。人種・年齢・言語にかかわらず、見た瞬間にそれが何を意味し、どのように利用するかが視覚的に理解できるように工夫されています。ピクトグラムは言語に頼らない情報の伝達方法として用いられ、①伝えたい情報が一目ですぐわかるという実用的な面と、②デザインとして楽しめるアート的な面が利点となっています。

　このようなピクトグラムが世界的に広まるきっかけとなったのが、1964年の東京オリンピックといわれています。英語での表示が難しい当時の日本で、競技種目を表すものとして用いたことが、来日した外国人に好評を得て広まりました。

答え

言語に頼らない情報の伝達方法として用いられ、伝えたい情報が一目ですぐわかるという実用的な面と、デザインとして楽しめるアート的な面が利点である。

　ピクトグラムのように認知度の高いものには共通認識があるため、解答者が「どれくらい知っていて」「人とどれくらい違う感性を持っているか」を量りやすいことが挙げられます。

　参考までに、大学の論文レベルでピクトグラムは、次のように述べられています。

『ピクトグラム（絵文字）が生まれたのは、はるか昔のことである。ピクトグラム（絵文字）とは、そのものの形状を絵で表し、何のことなのかを即時的に知ることのできる優れたものである。またピクトグラム（絵文字）の最大のメリットは、事前の学習なしで、見ただけで分かるということだ。言葉の違いというコミュニケーションの壁や、教育、年齢、経験を問わず国際的に理解できるピクトグラム（絵文字）は、道路標識、地図記号、操作用記号をはじめ、国際的にさまざまな分野で利用されている。このピクトグラム（絵文字）の、コミュニケーションに対する重要性は、日常経験がそのまま読解力になるので、'年齢や教育の違いに左右されない'という決定的な要因があるからだ。ピクトグラム（絵文字）は、世界中のどこでも通用し、国際都市になるほどその重要性は増してゆく。ピクトグラム（絵文字）は、これからも目を見張る速さで進化していき、その可能性は、無限大に広がっているといってもいいだろう』（東京情報大学情報文化学科　佐野浩平氏）

　街のあらゆるところにある「ピクトグラム」。思考力型入試の題材には、このような"ありふれた"ものが多く取り上げられています。身近なものをどう切り取るか、といったところに思考力を鍛えるヒントがありそうです。

[2018 西大和学園中学校]

　コンビニでは、下の図のように、同じ会社が特定の地域に集中して出店する方法をとることが多いです。この出店方法は、会社にとって、どのような良い点があるでしょうか。また一方で、どのような問題点があるでしょうか。それぞれ15字以内で答えなさい。

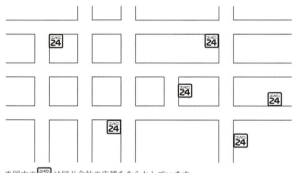

※図中のは同じ会社の店舗をあらわしています。

図

ヒント

問題にもあるように、近年、大手コンビニエンスストアを中心に、特定の地域に出店を集中させる出店方式が多くとられています。特定の地域に同じ店舗が集中することの利点と問題点を、経営者の立場になって考えてみましょう。

 解き方

　小売店やコンビニエンスストアのエリア戦略、店舗展開に関して、「ドミナント戦略」という用語があります。「ドミナント（dominant）」は、「優勢である」「支配的な」という意味。極めて簡単にいえば、「あるエリアに集中的に店舗を出店する」ことです。もっともわかりやすい例が、「同じコンビニがすぐ近所にいくつもある」というものです。

　簡単にドミナント戦略のメリット・デメリットをまとめておきましょう。

【メリット】
　①特定の地域での知名度の向上
　②配送効率の向上
　③地域に合わせた販売方法を実行できる
　④ライバルの参入を押さえられる

【デメリット】
　①災害時のダメージが大きくなる
　②（味方の）店舗同士で顧客の奪い合いが起こる
　③地域の交通事情の変化等で大きな影響を受ける
　④自店よりも大規模な（大資本の）店舗やブランド力の高い店舗が参入すると、一気に複数店舗が倒れる

「ドミナント戦略」はマーケティングの専門用語ですから、探究しようとすればするほど奥深いものがあります。セブン-イレブンのような身近な例もありますから、少し詳しく勉強してみてもおもしろいと思います。

> 答え

利点:店の知名度と配送効率が上がる。(15字)
問題点:店舗同士の競争が激しくなる。(14字)

 身につく力

　今回のような思考力型テストでは身近な題材・テーマが多く取り上げられますが、簡単には答えられない問題も含まれます。ただ今回のような問題の場合は、マーケティングに精通していなくても、柔らかい頭があれば、すんなり答えられる問題といえるでしょう。

　答えられなかった方は、考える力が現時点では少し不足しているかもしれません。ですが、焦ることはありません。この本に載っている問題を通して、毎日少しずつ鍛えていきましょう。

問題 04 ［2017 桐朋女子中学校］

先生は写真1①の品物を手に取りました。

先生　さて、この品物の説明をしましょう。
　　　これはトライアングル感湿計と呼ばれるもので、乾燥すると②の写真のように2枚の板が開きますが、湿度が高いと周りの水分を吸収し、③の写真のように2枚の板が閉じるようになっています。これは木材が湿度によって伸びたり縮んだりする性質を利用しています。

①もともとの形　　②乾いた状態　　③湿気を吸った状態

写真1　トライアングル感湿計

朋子　木材にはそんな性質があるのですね。

先生　この感湿計は、マカバという木材を使って作られているようです。他にも、杉や桐も、調湿の機能が高い木材として知られているそうですよ。

先生　朋子さん、この写真を見てください。これは杉の木を用いて作られたお弁当箱で、「曲げわっぱ」と呼ばれているものです。

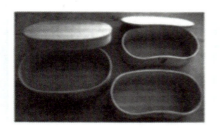

写真2　曲げわっぱ

朋子　かわいいお弁当箱！

先生　この曲げわっぱ、かわいいだけではありません。使っている人に聞くと、「ご飯がおいしい」という意見が多いそうです。ご飯がおいしいのには、実は杉の調湿機能が大きく影響しています。

問1　プラスチックのお弁当箱に温かいご飯を入れて保存すると、冷めたご飯がベチャベチャになっていることがあります。それはなぜですか。

問2　曲げわっぱに温かいご飯を入れて保存すると、ご飯が冷めてもおいしいのはなぜでしょうか。杉の調湿機能を考えて説明しなさい。

ヒント

トライアングル感湿計は、マカバという木材でできています。曲げわっぱは、杉の木でできています。共通する特徴は何でしょうか。

解き方

問1 ご飯を炊くときに必要な水は、生米の重さ1に対しておよそ1.2です。温かいご飯と冷めたり干からびたりしたご飯を比べ、お弁当箱の中の湿度がどのように変化したか予想しましょう。

　プラスチックは高い耐水性を持ち、紙などと違って濡れても使えなくなることはありません。しかし、水分を通さないため、湿気がこもりがちです。ご飯から出た水分はお弁当箱の外に出られず、結果、ベチャベチャのご飯になってしまいます。

問2 示された資料にあるトライアングル感湿計は、マカバという木材を使って作られていることと、木がよく水分を吸うことに注目しましょう。曲げわっぱはマカバと同じ、よく水分を吸う杉で作られています。曲げわっぱの中に水分を多く含んだ温かいご飯を入れると、ご飯から出る水蒸気を吸って、お弁当箱の中の湿度を調整してくれます。先生の発言に、「ご飯がおいしいのには、実は杉の調湿機能が大きく影響しています」とあることをヒントに、説明しましょう。

答え

問1　温かいご飯は多量の水分を含んでおり、その水分がご飯自体の熱で水蒸気に変わり、お弁当箱の中の湿度が高くなる。プラスチックは湿気を通さないため、水分がお弁当箱の中に留まり続け、水蒸気が冷えた水滴でご飯を濡らしてしまうから。

問2　曲げわっぱの材料である杉は、温かいご飯から出される水蒸気を吸うので、お弁当箱の中の湿度が低く抑えられる。ご飯が冷めたときに水滴になる水蒸気自体が少なくなるため、中のご飯がベチャベチャにならず、おいしく食べることができる。

身につく力

　先生の説明のポイントは「マカバや杉や桐などの木材には『調湿機能』がある」ということ。プラスチックのお弁当箱では、冷めたご飯がベチャベチャになる→ベチャベチャになるということは水分のせい→プラスチックには調湿機能がないから水分が逃げない→だからベチャベチャになる。杉の木は調湿機能をもっている→水分を吸収してくれる→ベチャベチャになりにくいのでおいしい。先生の言葉には、ヒント（もう答えのようなもの）が散りばめられています。調湿機能という難しい単語をわかりやすく分解できれば、言葉や現象を論理的につなげる（組み立てる）だけです。

　一見難しそうな単語・言葉も、内容がわかっていれば、どういうことなのか、相手にもわかりやすく伝えることができます。内容をわかりやすくすることとわかりやすい話し方をすること。これらは、コミュニケーションの基本です。

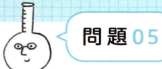

問題 05

[2018 大妻中野中学校・改編]

★☆☆☆☆

下の地図は国土地理院発行の大鹿村の「２万５千分の１の地形図」を拡大した図です。地形図上に発電所がありますが、この発電所は何の力（エネルギー）を使って電力を作りだしているのでしょうか。地形図から読み取り、エネルギー源とそのように考える理由を答えなさい。

ヒント

地形図上の立地から、発電の種類を考える問題です。日本は火力発電・水力発電・原子力発電の３つの発電が中心となっています。それぞれ発電の元に利用しているエネルギーの違いにより立地が変わります。どのような地形かを読み取ることがポイントです。

 解き方

それぞれの発電の特徴と立地をまとめます。

【火力発電】
　石油、石炭、天然ガスなどの燃料を輸入に依存しているため、タンカーから燃料を受け入れる港と保管用の広い土地が必要です。また蒸気の冷却に大量の水を使うため、火力発電所は海の近くに建設されます。なかでも東京・名古屋・大阪の三大都市圏や瀬戸内海沿岸に多く見られます。

【原子力発電】
　火力発電同様、燃料を受け入れる港、蒸気冷却用の大量の水が必要とされるため、日本では海の近くに建設されます。また、広い敷地が確保できることや地震対策として近くに活断層のない堅固な岩盤を有した立地が条件となります。

【水力発電】
　水力発電所は、高い場所から水の落ちる力（位置エネルギー）を利用するため、河川の近くや貯水ダムを作ることのできる山間部に建設されています。本州では只見川・信濃川の水系と中央高地の黒部川・天竜川・九頭竜川などの水系にやや集中した形で分布しています。

　地形図を見ると、左右に等高線が数多く見えることから、山間部の地形であることがわかります。また地形図の真ん中に川が流れていますので、地形図の中央のＹ字型の川の部分が谷であることもわかります。また等高線中の数値が標高を表していることから、川の北側と東側の標高が高いことも分かります。この川は地形図の向かって上と右側から流れ、途中で合流して左下に向かっ

て流れています。発電所のある場所は、標高が高く、流れの速い川の上流にあることがわかります。

答え

水力・位置エネルギーが得やすい標高の高い場所で、川の上流にあるから。

身につく力

　地図を読み取るための「知識」と、与えられた情報（条件）を組み合わせて整理する"思考力"、そして、導き出した答えとそう考える理由を端的に述べる"表現力"が求められています。これらの能力は、それぞれの業界や会社における専門分野のことに置き換えれば、必ず求められる能力となります。

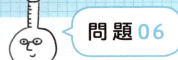

[2018 開成中学校・改編]

次の文章を読んで、後の問いに答えなさい。

北海商事株式会社は、北海道の名産物を、各地に紹介し、販売する会社です。大手百貨店の安田デパートから、「月末の休日に、新宿支店と池袋支店で北海道物産展を行うので、カニ弁当を仕入れてほしい」と依頼されました。

北海商事では、新宿支店の仕入れ販売を大西社員が担当し、新宿支店よりやや規模の小さい池袋支店の仕入れ販売は小池社員が担当することになりました。両支店での販売を終え、翌月の月例報告会では、販売部長が右記のグラフを示しながら、両支店での成果を社長に報告しました。

「大西社員は、販売用に500個のカニ弁当を発注し、小池社員は、450個のカニ弁当を発注しました。最終的に、新宿支店では、見事にカニ弁当は完売となりました。池袋支店では、20個の売れ残りが生じてしまいました。グラフは、九時の開店から十九時閉店までの、カニ弁当の売れ行き総数を示したものです。二人の社員の評価について、社長はいかがお考えになりますか」

この報告を聞いて、社長は、

「部長の報告は客観性に欠ける。君はすでに大西社員を高く評価しようとしているではないか」と伝えたうえで、

「私は、小池社員の方を高く評価する」と答えました。部長が、

「新宿支店よりやや小さめの池袋支店でも、小池社員が、高い成果を上げたということがポイントでしょうか」

と尋ねたところ、社長は、

「支店規模の問題ではない」

と告げ、自分の考えを示しました。

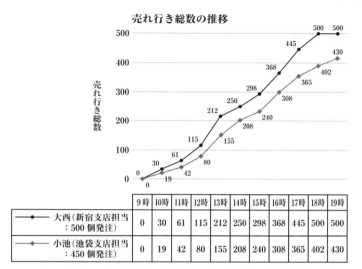

売れ行き総数の推移

	9時	10時	11時	12時	13時	14時	15時	16時	17時	18時	19時
大西（新宿支店担当：500個発注）	0	30	61	115	212	250	298	368	445	500	500
小池（池袋支店担当：450個発注）	0	19	42	80	155	208	240	308	365	402	430

問1　社長は、部長の報告のどの表現に、客観性に欠けたものを感じたのでしょうか。二つ探し出し、なるべく短い字数で書きぬきなさい。

問2　大西社員より小池社員の方を高く評価する社長の考えとは、どのようなものと考えられるでしょうか。「たしかに」「しかし」「一方」「したがって」の四つの言葉を、この順に、文の先頭に使って、四文で説明しなさい。

ヒント

問1は社長の言葉に注目すると、販売部長の報告には、大西社員の実績を高く、または小池社員の実績を低く思わせるような、主観的な表現が使われていると考えられます。
問2は、問1で見つけた答えやグラフ、2人の最後のやりとりを参考に考えます。文の先頭に使う四つの言葉の意味も、後に続けるべき文脈のヒントとなります。

 解き方

問1 部長の報告の中から客観性に欠けた表現を探すと、まず「新宿支店では、見事にカニ弁当は完売となりました」とあり、「見事に」という言葉が、「新宿支店ではカニ弁当が完売となった」という結果に対してプラスの意味合いを加えています。また、その後に、「池袋支店では、20個の売れ残りが生じてしまいました」とありますが、この「しまい」という表現は、「池袋支店では20個の売れ残りが生じた」という結果に対してマイナスの意味合いを加えています。よって、解答は「見事に」と「しまい」。

問2 「たしかに」は、相手の考えを肯定する言葉なので、部長が大西社員を高く評価した理由を考えます。報告の中で部長は、500個のカニ弁当を完売させたことを「見事に」と評価していることから、一文目は、「〔たしかに〕売れた個数は大西社員の方が多く、そのすべてを売り切っている」となります。

「しかし」は、逆接なので、一文目に対して否定的な内容を考えます。グラフを見ると、新宿支店でカニ弁当が完売したのは18時。閉店までの1時間に、品切れで弁当を買えなかった人がいることが考えられます。よって、二文目は、「〔しかし〕新宿支店は18時で品切れとなり、閉店までの1時間、お客さんは弁当を買えなかった」。

「一方」は、それまでと別の視点に話題を切り替える言葉なので、小池社員についての評価を考えます。売れ残りが生じたということは、逆にいえば、すべての需要を満たせたということ。よって、三文目は、「〔一方〕池袋支店では弁当を買おうとしたすべてのお客さんに買ってもらうことができた」。

「したがって」は順接なので、三文目を受けて、小池社員を高く評価する理由をまとめます。よって、四文目は「〔したがって〕お客さんに満足してもらうことができた小池社員の方が優れている

と言える」となります。他にも、「利益を得る機会を逃さなかった小池社員の方が優れている」という論調で述べることもできます。

答え

問１　見事に、しまい

問２　〔たしかに〕売れた個数は大西社員の方が多く、そのすべてを売り切っている。〔しかし〕新宿支店は18時で品切れとなり、閉店までの１時間、お客さんは弁当を買えなかった。〔一方〕池袋支店では弁当を買おうとしたすべてのお客さんに買ってもらうことができた。〔したがって〕お客さんに満足してもらうことができた小池社員の方が優れていると言える。

身につく力

「見事に」と「しまい」は、大人でも見つけられない方が多いかもしれません。とくに「しまい」のほうは、行為の完了を強調する以外に、後悔や遺憾の意を込める意味で使うこともあると認識していないと、見つけることは難しいでしょう。

　言葉づかいは、もちろん学校で学びますが、おそらくその基礎は親子の会話にあると思われます。対話（ダイアログ）の重要性は、コミュニケーション能力養成の根底にあるものです。物事を考えるにあたって必要な「言葉」の大切さを、今一度考え直してみましょう。

　小池社員のほうを高く評価する社長の考えは、ここではお客の立場に立って述べていますが、企業目線ではどうなるでしょう。大西社員は「発注数を少なく想定しすぎて売り伸ばせなかった」「売

り上げを伸ばせずに会社への貢献度を高められなかった」となるでしょう。

問題07　[2018 海城中学校]

★★★★☆

次の図はモンゴルに行ったときにスケッチしたある丘の風景です。モンゴルでは冬に雪が降り、それが一面に積もり、夏には雪は溶けます。図の左側が南で、右側が北になっています。南側斜面には森林がなく、北側斜面には森林が発達しています。その理由を、文章や図を参考に考え、説明しなさい。

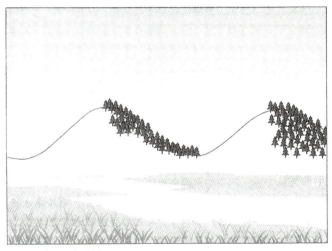

図　モンゴルの丘の植生

ヒント

ポイントは、北側のみ森林が分布している理由を考えることです。北側は森林の生育条件を満たし、南側は満たさない要因が何かつかめれば、解答が導き出せます。

 解き方

　植物の発芽に必要なのは、「水」「適温」「酸素」です。「日光」は不要です。ただし、種類によっては必要とするものもあります。植物が葉を開いてからは、「栄養分」「温度」「水分」「光」が必要です。

　図と問題文を元に考えると、山の北側と南側のそれぞれの斜面で最も大きな違いは、日当たりになります。北側は日当たりが悪く、南側は日当たりがよくなります。これだけだと、南側のほうが森林の生育に適しているように感じます。

　ただし、モンゴルという国の気候条件や地勢を考える必要があります。モンゴルは内陸国で、乾燥地帯の国土です。従って、ほとんど雨が降らず、年間降水量は東京の4分の1以下です。寒暖の差も激しく、夏は40℃近くまで上昇し、冬は氷点下40℃にもなります。そのため、夏場は日当たりのよい南側の斜面は水分が蒸発し、カラカラの状態になります。逆に日当たりの悪い北側の斜面は温度の上昇が南側ほど多くないので、冬に積もった雪が解けて地面に吸収された後、水分をある程度保った状態になります。

　従って、モンゴルでは日当たりの悪い北側のほうが植物の生育に必要な水分があるため、かえって森林の生育に適しているという結果となります。

答え

北側斜面は日当たりが悪いので、地面からの水分蒸発量が少ない分森林が発達しているが、南側斜面は日当たりがよい分、水分蒸発量が多く乾燥しているため、森林が育たないから。

身につく力

　植物の生育に必要な条件や、方角などの地勢条件から植物の生育の理由を考え、記述する高度な問題です。一見いい条件に思える「日当たりのよさ」が、じつは森林育成には不適なのだと論じなければなりません。

　入試の解答としては左記でよいかもしれませんが、上級の学校やビジネスシーンで通用するレベルを想定すると、なぜ南斜面の水分蒸発量が多くなるのかを、モンゴルの気候条件等からも論じる必要があるでしょう。

　知識だけだと、選択肢問題には対応できても、論述（記述）問題となると、厳しいものがあります。「思考を整理する力」と「表現力（編集能力）」が問われるからです。簡単な問題で短くまとめることから始めて、論述力・編集力を養っていきましょう。そして、常に相手に伝えるという意識も重要です。長くても A4 1 枚に収めるつもりで、ふだんからいろんなテーマについてどう思うか、SNS でいいので発信してみてほしいと思います。

問題08 ［2018 光塩女子学院中等科・改編］

「橋は、ほかの建造物とともに、文化、歴史を読み解く格好の対象である」とありますが、光子さんは建造物としての役割、文化や歴史を読み解くための材料に加え、現代社会においては、他にも橋の役割や存在の意味があると考えました。そして光子さんは、「壁ではなく橋を築くべき」だというローマ教皇フランシスコの発言を思い出し、自分にもできることがあるのではないかと思いました。あなたなら「壁ではなく橋を築く」ということを実現するために、どのようなことを実践しますか。具体例を挙げて思う存分書いてください。

ヒント

「壁」とは、元々つながっていた場所を分断するものであり、「橋」とは、元々分断されていた場所をつなぐものであるという対比を念頭に入れて、「壁ではなく橋を築く」という内容について比喩的に考えます。分断、差別、区別をするのではなく、橋渡しを行うために自分にできることは何か、という論調で述べることが大切です。

 解き方

「壁ではなく橋を築く」、つまり、分断ではなく橋渡しをするという観点から考えると、「戦争」や「差別」、「民族紛争」、「宗教問題」などの社会問題を取り上げることができます。こうした問題は、当事者たちが自己の主張や利益ばかりに囚われ、壁を築いていることが原因である。ではどうすれば橋を渡せるか……という論調にもっていくことができるので、橋渡しの内容について述べた上で、その実現に向けて今の自分に何ができるか、という内容についてまとめます。また問題文に「具体例を挙げて思う存分書いてください」とあるので、実現性にとらわれず、理想主義的に述べるくらいで問題ありません。答えにあるものはあくまで解答例です。「国際交流」「ボランティア」などの内容で述べることも可能です。

答え

橋は、分断された人や地域（国）の間を取り持つ役割を持っている。現代社会には、戦争や差別、貧困など、様々な問題が存在している。そしてその原因は、相互の理解不足にある。こうした問題にしっかり目を向けるために、社会の一員として、様々な問題や厳しい立場に置かれている人々の存在を知り、歴史を学ぶことが必要だ。世の中を結ぶ橋を築くために、具体的に私にできることは少ないが、勉強して知識を身に着け、よりよい社会をつくるために、自分の力を使えるようにしたい。

 身につく力

　実はこの問題は大問の中にある最終問題で、ここだけ取り出すには惜しい問題でした。しかし、あえて取り出したのは、理系脳で定義される「想像力」を鍛えてほしかったからです。
　問題のレベルでいえば、はっきりいって中学受験生にはちょっと難しいでしょう。大人でも「具体例を挙げて思う存分書け」といわれると、結構悩むのではないでしょうか。
「分断ではなく橋渡しをするという観点」が持てないと、おそらく出題者の意図からは離れた内容になってしまいます（まったく違った観点から論述できる方は多くいらっしゃると思いますが）。表記よりも、内容をつくるほうが難しい問題といえます。
　ただ一ついえるのは、日頃から国内外の社会情勢の変化や地球的規模の持続的な課題に関心を持つことがいかに大事かということ。新聞が読めればベストですが、そうでなくても、ウェブ記事でもいいので日頃からニュースに触れ、自分なりの考えをまとめる訓練を行なっておくと、強いです。いざスピーチやプレゼンをすることになったとき、堂々と意見をいえるからです。

第 2 章

「基本の算数」で頭をやわらかくする

prologue

どのような解き方をしているか
知ろうとするだけでも
脳は活性化する

　第1章を解いてみていかがでしたでしょうか。ものごとを順序立てて考え、まとめる作業に意外と苦労した方も多かったと思います。理系脳を鍛えるには、数ある情報の中からポイントを見つけ出し、そのうえで自分の考えをまとめることも欠かせません。とはいえ、少し疲れた方もいると思います。そこでこの章では、算数に関する問題を紹介します。中学入試問題ではおなじみの植木算、日歴算、過不足算など、理系脳が鍛えられる問題が盛りだくさんです。第1章とはまた違う角度から考えてみてください。

　なお、後半のほうにはかなり解きごたえのある問題もあえて掲載しています。全部解ければパーフェクトですが、解けなくても全く問題ありません。結果だけを見るのではなく、「どのような解き方をしているのか」という部分に着目してください。次に自分が解くときにはどう解くか、想像するだけでも理系脳が活性化するといえるでしょう。ぜひ楽しんで解いてもらいたいと思います。

問題01

★☆☆☆☆

100メートルの道があります。この道に沿って、端から端まで5メートル間隔で木を植えていくとき、全部で木は何本必要ですか。

ヒント

ポイントは、「端から端までの間にある木の数」です。パターンは3つ。パターン1：道路のように「線」で端に木がある。パターン2：道路のように「線」で端に木がない。パターン3：池のように「円」になっている。これが問題文から把握できれば、答えは目前です。このような問題は「植木算」と呼ばれ、中学入試ではオーソドックスな問題とされています。

解き方

パターンによって「木と木の間の数」が異なります。
- パターン1：道路のように「線」で端に木がある ⇒ 間の数は木の数より−1となる。

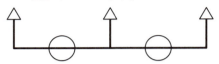

- パターン2：道路のように「線」で端に木がない ⇒ 間の数は木の数＋1となる。

- パターン3：池のように「円」⇒ 間の数は木の数と同じになる。

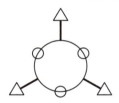

植木算で大事なのは、「木と木の間の数」と3つのパターンです。問題には「道に沿って端から端まで木を植えていく」とあるので、間の数は木より1本多くなるパターン1です。道全体が100mで、5m間隔で木を植えるので、100 ÷ 5 = 20 が間の数。またパターン1により、必要な木の数は 20+1 = 21 です。

答え

21（本）

身につく力

「分数」のしくみと同じように、植木算も 3 つの基本パターンが理解できていれば、比較的早く"到達感"を得られます。「端から端まで」とあるので、パターン 1 であることを理解し、「100 ÷ 5 が間の数」であることに気づけば、答えに到達したも同然。

　パターンがわからなくても、「端から端まで木を植える」というキーワードから、木と木の間の数を瞬時に計算できた方もいることでしょう。計算できなかった方も、解き方にある「コツ」を一度知れば、次はすんなり答えられるようになるはずです。

　基本的なしくみや"理屈"を覚えなければならないのは、どんな分野の仕事においても同じです。それがあってこそ、いろんな気づきも生まれてきます。

　先に、思考力を高めるためには言葉（知識）が必要と述べましたが、次に必要なのは思考の対象となる物事・主題・テーマに関する基本的なしくみや理屈になります。仕事で思うような結果が出ないという方は、基本のしくみに立ち戻って考えると、意外とうまくいきます。ぜひ試してみてください。

問題02　[2017 聖学院中学校]

太郎くんの飼っているネコの体重は、現在4kgです。毎日100gのえさを食べ、その1割分ずつ体重が増えます。増えた体重の8割は60分運動すると消費されます。

問1　運動しないで30日えさを食べ続けると、体重は　ね　kgになります。

問2　30日後に体重をはかったら、4160gでした。
　　　ネコは全部で　の　時間　は　分の運動をしました。

問3　30日後に今の体重（4kg）を保っているためには、1日に　ひ　分の運動をしなくてはいけません。

割合の増加、減少に関する問題です。食事と運動による体重の増減を題材にしています。比べる量と、もとにする量を見分けて問題を解きましょう。

 **解き方**

問1　1日 100 × 0.1 = 10（g）ずつ体重が増えるので、30日間で増えた体重は、10 × 30 = 300（g）
よって、30日後のネコの体重は、4kg + 300g = 4.3kg
問2　問1より、運動によって減った体重は、4300 − 4160 = 140（g）になります。30日間で増えた体重の8割、つまり 300 × 0.8 = 240（g）の体重を減らすために必要な運動時間は、
60 × 30 = 1800（分）で、30時間です。
よって、140gの体重を減らすために必要な運動時間は、140 ÷ 240 × 30 = 17.5（時間）で17時間30分になります。
問3　問2より、240gの体重を減らすために必要な1日あたりの運動時間は60分だから、300gの体重を減らすために必要な1日あたりの運動時間は、300 ÷ 240 × 60 = 75（分）になります。

答え

問1　ね…4.3
問2　の…17、は…30
問3　ひ…75

 身につく力

中学入試の基本的な問題といえます。
①設問文の「条件」「情報」をきちんと把握すること
②小問ごとの問いかけの内容をきちんと理解すること
③「条件・情報の整理＝思考の整理」をきちんと式に直すこと
これだけの問題の中にも、「思考力」養成に関わる大事な要素が

あります。
　これらの要素は、理系・文系関係なく、人とのコミュニケーションを図る場合の必須要項でもあります。

★★★☆☆

ある4人組グループがいます。

グループのうち3人が1つの体重計に同時に乗ってみると206kgでした。その後体重計に乗る3人を変えてはかってみると、180kg、194kg、215kgといった結果も得られました。

このグループのうち最も体重が重い人は何kgでしょう。

ア 71kg
イ 80kg
ウ 85kg
エ 89kg

ヒント

3人の体重の合計をすべて足して4人の体重の合計を求めます。その4人の体重の合計から3人ずつの体重の合計を引けば、おのずと1人ずつの体重が求められます。

解き方

4人の体重をそれぞれA、B、C、Dとします。
与えられた4つの条件から、下の式が成り立ちます。
A + B + C = 206…①
A + C + D = 180…②
B + C + D = 194…③
A + B + D = 215…④
①+②+③+④より、
3A + 3B + 3C + 3D = 206 + 180 + 194 + 215
3（A + B + C + D）= 795
　　A + B + C + D = 265

4人の体重の合計は265kgになるので、ここから3人の体重の合計のうち最も小さい②を引けば、一番重い体重が求められます。
②より、最も体重が重い人の体重は、265 − 180 = 85（kg）

答え

ウ 85kg

身につく力

「思考を数式化する」ためには、どうすれば答えを導き出せるかを想定できなければなりません。ここでのポイントは、4人の体重の合計をどのように割り出すかという考え方と、一番重い体重を求めるところです。

「A + B + C = 206」といった方程式を立てるところまではできたけれど、その先の計算方法がよくわからなかったという方もいるかもしれません。しかし、計算に関しては、この本で経験を積

むことによって徐々に慣れてくることでしょう。また、一番重い体重を求める方法がわからなかったという方も、これで一つ考え方のパターンを知ることができたため、別の問題で応用することができることと思います。

　最初は難しくてわからないことでも、慣れてくると、難しく感じたことすら過去のことに思えるようになります。まずはこの本を通じて、考え方のパターンを身につけましょう。

問題 04 ［2018 四天王寺中学校］

ある商品を定価の20%引きで売ると400円の利益があり、定価の40%引きで売ると200円の損をします。520円の利益を得るためには定価の何%引きで売ればよいですか。

損益の問題です。まず、2つの条件から原価と定価を求めます。

解き方

原価を x 円、定価を y 円とすると、

連立方程式 $\begin{cases} x + 400 = (1-0.2)y \\ x - 200 = (1-0.4)y \end{cases}$ が成り立ちます。

これを解くと、x = 2000、y = 3000

520 円の利益を得るために定価の a%引きで売るとします。

方程式 $2000 + 520 = (1 - 0.01a) \times 3000$ が成り立つので、これを解くと、a = 16 よって、定価の 16％引きで売ればよいことになります。

答え

16％引き

身につく力

　この問題には、原価・定価・利益・値引き等、ビジネスシーンに直結する題材が使われています。営業など、損益計算を日常的に行っている方は、連立方程式を無意識で使って原価や値引き率を割り出していることでしょう。しかし、そうでない方には、少し難しく感じたかもしれません。

　方程式は、言葉や文章で伝えようとすると長くなることも、明瞭簡潔に表記できるメリットがあります。まずは難易度の易しい問題を通じて、最短ルートで答えにたどり着く方法・法則を学びましょう。その積み重ねが思考力アップにつながります。

　筋トレでも、ふだん使っていない筋肉を使うと翌日（当日）、筋肉痛になります。同じように、理系脳を鍛えることでふだんより

早く眠くなったり頭が疲れたりする、といった症状が出るかもしれません。ですが、悲観する必要はありません。それこそまさに、ふだん使っていない脳を鍛えている証拠。1日1問でいいので、少しずつ解いて理系脳を鍛えていきましょう。

問題05 [2018 聖光学院中学校]

★★★☆☆

　聖さんの家族はお父さん、お母さん、お兄さんの光さん、弟の学さんの5人です。「お父さんの年齢の2倍」と「お母さんの年齢」の和は131、「お父さんの年齢」と「光さんの年齢の2倍」と「学さんの年齢の3倍」の和は101、「お母さんの年齢」と「聖さんの年齢の3倍」の和は79、「お母さんの年齢」と「光さんの年齢」の和は58です。この家族5人の年齢の和を答えなさい。

― ヒント ―

年齢を求めるオーソドックスな問題を一ひねりしていて、一見難しそうです。ただ全てを足すと結局、5人の年齢をそれぞれ3回ずつ加えたものになります。このパターンを見抜くことができれば、非常に易しい問題といえるでしょう。

解き方

それぞれのパターンを考えます。

①「父の年齢の2倍」と「母の年齢」の和は131。2倍は父が2人分と考えます。父父＋母＝131。

②「父の年齢」と「光の年齢の2倍」と「学の年齢の3倍」の和は101。父＋光光＋学学学＝101。

③「母の年齢」と「聖の年齢の3倍」の和は79。母＋聖聖聖＝79。

④「母の年齢」と「光の年齢」の和は58。母＋光＝58。

①〜④をまとめると、⑤父父＋母＋父＋光光＋学学学＋母＋聖聖聖＋母＋光＝131＋101＋79＋58となります。

⑤の式を整理すると、以下のような形になります。

⑥父父父＋母母母＋光光光＋学学学＋聖聖聖＝369。

つまり、それぞれ家族全員の年齢を3回ずつ加えた総和が369になっているということです。

従って、家族全員の年齢の和は369を3で割った123が答えとなります。

答え

123

身につく力

算数の愉快なところは、与えられている論拠や条件を書き起こしてみたときに、「あッ！」と声が出るほど単純でわかりやすい問題に化けるところです。今回の問題は一見難しそうに見えますが、問題文を一つずつ書き出してみると、意外と簡単です。①〜④も、

実際、「話を式に書き直した」ものです。⑤にたどり着くのも難しいことではないでしょう（ちょっとジャンプできれば届くレベルです）。足し算の集合ですから、まとめ直して⑥へたどり着けば、答えが見えてきます。最後の答えよりも、⑥の式を作成できたときが、一番爽快感を得られたのではないでしょうか。

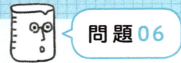 [2018 慶應義塾中等部]

★★★☆☆

次の☐に適当な数を入れなさい。
　西暦2018年1月1日は月曜日でした。西暦2018年の23番目の日曜日は ア 月 イ 日です。

 ヒント

中学入試ではよく出題される、曜日の計算問題です。まず、1番目の日曜日を確定させ、1週間が7日あることから23番目の日曜日の日付を求めます。

解き方

1番目の日曜日は1月7日です。

23番目の日曜日は、1月7日から(23 − 1) × 7 = 154（日後）にあたるので、7 + 154 = 161より、ひと月の日数ずつ引いていきます。1月161日（− 31）→ 2月130日（− 28）→ 3月102日（− 31）→ 4月71日（− 30）→ 5月41日（− 31）→ 6月10日　これが答えとなります。

※うるう年の場合は、2月を29日として考えます。うるう年は西暦年数が4で割り切れる年です。

答え

| ア | 6 | イ | 10 |

身につく力

算数嫌いの人なら、「カレンダーで数えればいいじゃない」とでもいいそうな問題です。たしかに、わざわざ「思考の森」へ足を踏み入れなくても、カレンダーで数えるほうが早いでしょう。しかし、人間は"考え"たくなるのです。考えることをしないと人間ではなくなるとは言い過ぎでしょうか。

この問題は、最初の小さなミスが誤答につながります。X日後を出すためには、23 × 7ではなく、(23 − 1) × 7です（1番目は除く）。あとは、一般常識の範囲で、各月に何日あるかがわかっていれば、自ずと答えが出ます。

冒頭でもお伝えしたように、もうあと20年もすれば、AI（人工知能）が人間の脳を凌駕するといわれています。そうなると、人

間は、どの部分でAIに勝っていくのでしょうか。思考力を鍛え、来るべき日に備え理系脳を目覚めさせておいたほうが、自分の身を守ることにつながります。

問題 07 ［2018 桜蔭中学校］

★★★☆☆

次の□にあてはまる数を答えなさい。ただし、（ウ）については曜日を答えなさい。

47人のクラスで、5月7日月曜日から出席番号順に7人ずつ教室そうじをします。つまり、5月7日は1番から7番、5月8日は8番から14番の人がそうじをします。日曜日と祝祭日はそうじはしません。5月7日にそうじをした7人がそろって次にそうじをするのは（ア）月（イ）日（ウ）曜日です。

ヒント

47人の生徒が7人ずつ掃除を行い、組み合わせが再び一周する日時は47と7という2つの数字の特徴に気付くことができるかどうかがポイントです。なおこの問題のように、暦の規則から曜日や日数等を求める問題を「日暦算」といいます。

解き方

47 と 7 は互いに素（共に割り切る正の整数が 1 のみであること）なので、5 月 7 日に掃除をしたメンバーが、再度、顔をそろえるのは、47 回掃除をした後になります。

つまり 5 月 7 日を 1 回目の掃除日として、48 回目の掃除日の日付とその曜日を求めればよいのです。

5 月 7 日から 7 月半ばまで祝祭日はないので、この期間、1 週間に 6 回掃除をすることになります。ここで、5 月 7 日から 5 月 12 日を第 1 週とすると、48 ÷ 6 = 8……0 から、48 回目の掃除日は、第 8 週目の最後の日で、その曜日は土曜日になります。

最後に、第 8 週目の日付を勘定すると、

第 1 週目 ： 5 月 7 日～ 5 月 12 日
第 2 週目 ： 5 月 14 日～ 5 月 19 日
第 3 週目 ： 5 月 21 日～ 5 月 26 日
第 4 週目 ： 5 月 28 日～ 6 月 2 日
第 5 週目 ： 6 月 4 日～ 6 月 9 日
第 6 週目 ： 6 月 11 日～ 6 月 16 日
第 7 週目 ： 6 月 18 日～ 6 月 23 日
第 8 週目 ： 6 月 25 日～ 6 月 30 日

から、第 8 週目の最後の日は 6 月 30 日であることがわかります。

以上から、(ア)は 6、(イ)は 30、(ウ)は土で、これが答えです。

答え

(ア) 6（月）、(イ) 30（日）、(ウ) 土（曜日）

身につく力

　解き方そのものよりも、"47と7が互いに素"であることに気づくかどうかを試されている問題といえます。それがわかれば、「5月7日に掃除をしたメンバーが、再度顔をそろえるのは、47回掃除をした後」、つまり48回目の掃除日を求めればいいわけです。

　物事を考えていくうえでもっとも大事なのは、知識（言葉）です。それをどのように組み立てていくかが「思考」です。論理的に組み立てるのか、感情的に組み立てるのか、創造的に組み立てるのか……それは課題や心理状態によって異なります。

　しかしいずれにしても、思考を展開しやすい知識・言葉をより多く身につけているほうが、多角的な視点から物事を考えることができるといえるでしょう。知識や言葉は、新聞や本を目に通すことで、自ずと磨かれていきます。もし今、「仕事で忙しくてなかなか時間がとれない」という方は、ぜひ電車の広告や街の看板、チラシなどに目を向けてみてください。そうした言葉に触れるだけでも、知識や言葉を磨くトレーニングになります。

応用力

　ここで暦の豆知識を紹介しましょう。

【大の月　小の月】

　ある月によっては31日があったり、30日だったりします。31日がある月を「大の月」、ない月を「小の月」といいます。

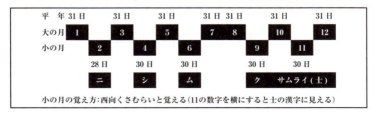

紀元前 45 年、ユリウス・カエサルが制定したユリウス暦では、当初、小の月を偶数月とするものでしたが、ローマ皇帝アウグストゥスが、自分の生まれ月である 8 月が小の月であることが気に入らず、権力を用いて強引に大の月に変更しました。その後、7 月、8 月、9 月と大の月が連続してしまったので、9 月以降は奇数月を小の月、偶数月を大の月に変更したそうです。8 月の英単語である August は、ローマ皇帝アウグストゥスに由来します。

　日本でも暦や元号の変更は、古来より天皇の専権事項とされており、洋の東西を問わず、暦の支配は権力の証明となっていました。

【うるう年】
　平年では 2 月は 28 日ですが、4 年に 1 度 29 日になり、この年のことをうるう年といいます。うるう年には次のような決まりがあります。
・西暦年数が 4 で割り切れればうるう年→ 512 年、1996 年など
・西暦年数が 100 で割り切れれば平年と同じ→ 1900 年、2100 年は平年
・西暦年数が 400 で割り切れればうるう年→ 2000 年はうるう年

【年と曜日】
　1 年後の曜日は、平年では 1 つ先、うるう年は 2 つ先になります。6 月 1 日を例にすると、次のようになります。

西暦	2013	2014	2015	2016	2017	2018	2019	2020	2021	2022	2023	2024
曜日	土	日	月	水	木	金	土	月	火	水	木	土

【西暦と元号】

年をあらわすには、2018年などの西暦と平成30年などの元号があります。この関係は下のようになります。

1867年＋明治の年数：明治23年→ 1867 ＋ 23 ＝西暦1890年
1911年＋大正の年数：大正12年→ 1911 ＋ 12 ＝西暦1923年
1925年＋昭和の年数：昭和54年→ 1925 ＋ 54 ＝西暦1979年
1988年＋平成の年数：平成14年→ 1988 ＋ 14 ＝西暦2002年

上記4つの西暦を覚えておくと、元号から西暦を簡単に計算することができます。

問題08　[2017 西大和学園中学校]

次の □ に当てはまる数を答えなさい。

濃度がそれぞれ3％、5％、10％の食塩水A、B、Cがあります。5％の食塩水Bと10％の食塩水Cを2：3の割合で混ぜ合わせ、さらに3％の食塩水Aを □ g混ぜ合わせると、濃度6％の食塩水750gができあがります。

 ヒント

食塩水の濃度を求める問題です。連立方程式を利用して、食塩水Aの量を求めます。

解き方

食塩水 A を xg 混ぜ合わせるとします。

食塩水 B：食塩水 C ＝ 2：3 より、食塩水 B を 2yg、食塩水 C を 3yg 混ぜ合わせるとします。

食塩水の量の関係から、x ＋ 2y ＋ 3y ＝ 750

x ＋ 5y ＝ 750 …①

食塩の濃度の関係から、0.03x ＋ 0.05 × 2y ＋ 0.1 × 3y ＝ 750 × 0.06

0.03x ＋ 0.4y ＝ 45 …②

①、②を連立方程式で解くと、x ＝ 300、y ＝ 90

よって、食塩水 A を 300g 混ぜ合わせます。

答え

300（g）

身につく力

中学入試では基本的に連立方程式を使いませんが、ここでは連立方程式を使って解いています。というのも連立方程式を使わずに解こうとすると、一つひとつ積み重ねて（あるいは崩していって）考えなければならず、実に煩雑な作業となるからです。

ビジネスの世界では、最短ルートで目的にたどり着くことが重要です。そういう意味でも、「方程式」は最良の訓練といえますし、論拠・条件を組み立てるトレーニングにもなります。

方程式を使って不明な数値、解答の数値を x あるいは y と置けば、解決までのスピード短縮にもなります。文系の方でも、慣れてくれば、数学のおもしろさが少しは理解できるかもしれません。

問題 09   [2018 早稲田中学校]

★★★☆☆

　1本30円の鉛筆と1個50円の消しゴムを買いに行きました。このお店はサービス中で、鉛筆を5本買うと消しゴムが1個ついてきます。このサービスを利用したところ、代金は940円でした。また、手に入れた鉛筆、消しゴムは何人かで公平に分けることができます。手に入れた鉛筆の本数として考えられる数をすべて答えなさい。

ヒント

鉛筆の本数をa本、消しゴムの個数をb個と仮定します。そのうえでa、bについての関係式を立て、その関係式を成り立たせるa、bの組み合わせを考えていきます。

解き方

鉛筆の本数を a 本、消しゴムの個数を b 個とすると、
30a + 50b = 940 という関係式ができます。
これを a について解くと、30a = 940 − 50b

さらに、$a = \frac{940-50b}{30} = \frac{(94-5b)}{3}$ となります。

a、b はどちらも正の整数です（モノの数ですから 0 や小数ではありません）。さらに、分母の 3 を見れば、94 − 5b は 3 の倍数であることもわかります。

次に、a、b の組み合わせを [a、b] とします。b に 1 から入れていくと、条件に当てはまる a、b の組み合わせは、

[28、2]、[23、5]、[18、8]、[13、11]、[8、14]、[3、17] になります。

サービスで鉛筆を 5 本買うと消しゴムが 1 個ついてきますから、上の組み合わせに消しゴムの個数を加えると、

[28、7（+ 5）]、[23、9（+ 4）]、[18、11（+ 3）]、[13、13（+ 2）]、[8、15（+ 1）]、[3、17（+ 0）] になります。

また、鉛筆と消しゴムは何人かで公平に分けることができますから、a、b は 1 以外の最大公約数を持ちます。

よって、手に入れた鉛筆と消しゴムの数の組み合わせとして正しいものは、[28、7]、[13、13] で、手に入れた鉛筆の本数として考えられる数は、28 本か 13 本になります。

答え

28 本か 13 本

身につく力

　"理系脳"を試す、基本的な問題です。複雑な仮定はなく、出てくる数も正の整数だけです。最初の関門は $\frac{94-5b}{3}$ で、94-5b が 3 の倍数だと気づくこと。a と b の組み合わせは「何人か」という文言があり、複数です。そこで 2 から順番に、94-5b が 1 以下にならないように 17 まで当てはめていけば、6 つの組み合わせが出てきます。また「何人かで公平に分けることができる」という一文から 1 以外の最大公約数を思い浮かべられれば、答えにたどり着くことができます。

　算数・数学は、一つひとつの条件をクリアしていけば、必ず答えにたどり着くという特徴があります。つまりこの本で紹介する問題を解くことによって、論理的に、筋道を立てて考えていくトレーニングが自然とできるわけです。

問題10 [2018 女子学院中学校]

☆☆☆☆☆

□ に当てはまる数を入れなさい。

中学生が何台かのバスで遠足に行きます。

各バスには、先生が必ず2人乗ります。乗客55人乗りのバス □ 台では、30人分が空席になります。乗客40人乗りのバスでは、55人乗りのときよりも2台増やしても生徒29人が乗れません。中学生は全員で □ 人です。

ヒント

先生をは各バスに必ず2人乗るため、あらかじめ乗客人数から引いて計算します。そうすることで、典型的な過不足算の問題になります。

解き方

　乗客 55 人乗りのバスを A、乗客 40 人乗りのバスを B とします。先生は各バスに必ず 2 人乗るため、あらかじめ乗客人数から引いて計算します。すると、バス A は乗客 53 人乗り、バス B は乗客 38 人乗りとなります。

　与えられた条件を表にすると、次のようになります。

53　53　…　53	30 不足
38　38　…　38	$38 \times 2 + 29 = 105$ 余る
差 15　15　…　15	$30 + 105 = 135$

15 をバス A の台数分集めたものが 135 となるから、
バス A の台数は、$135 \div 15 = 9$（台）になります。
また、中学生は全員で $53 \times 9 - 30 = 447$（人）となります。

答え

9（台）、447（人）

身につく力

　過不足算の決め手は、気づき（発想力）といえます。上記の問題では、「先生の人数をバスの乗客人数から除いて計算する」ことと「15 をバス A の台数分集めたものが 135 となる」ことがポイントとなるでしょう。この気づきは、算数への苦手意識があると、希薄になりがちです。ゲームをするような気持ちで問題に取り組

んだほうが、うまくいくはずです。

　なお思考力は、ある日突然、いきなり発揮されるものではありません。難関中学受験を経験した子どもたちの多くが高い思考力を持っているのは、算数はもちろん、他の教科においても"考える"訓練を積んできたからだといえます。これは大人にも同じことがいえます。日々"なんとなく"生きているだけでは、考える力は身につきません。しかし、「意識する」だけでも大きな一歩です。

　たとえば仕事で壁にぶち当たったとき、どうすればその壁を乗り越えることができるのか、5分でも10分でもいいので考える。このトレーニングの積み重ねが、眠っている「考える力」を呼び覚ますことにつながるでしょう。

 ［2018 豊島岡女子学園中学校］

次の問いに答えなさい。

　豊子さんと花子さんは、5点の問題と4点の問題だけからなる100点満点のテストを受けました。豊子さんは、5点の問題はすべて正解し52点でした。花子さんは、5点の問題と4点の問題を合わせて7問間違えて67点でした。5点の問題は何問ありましたか。

豊子さんの条件から、問題数をある程度限定させます。そして、花子さんの条件から、5点の問題と4点の問題の間違えた問題数を求め、問題数を確定させます。

解き方

まず、豊子さんの条件を見て考えます。

5点の問題の問題数を a 問、豊子さんが正解した 4 点の問題の問題数を b 問とします。

$5a + 4b = 52$

$\quad 4b = 52 - 5a$

$\quad\quad b = 13 - \dfrac{5}{4}a$

a、b は自然数なので、a = 4、8 が考えられます。

次に、花子さんの条件を見て考えます。

花子さんが間違えた 5 点の問題と 4 点の問題の問題数をそれぞれ x 問、y 問とします。

連立方程式 $\begin{cases} x+y = 7 \\ 5x+4y = 100-67 \end{cases}$ を解くと、x = 5、y = 2 で、

5 点の問題は 5 問以上、4 点の問題は 2 問以上あることになります。

よって、5 点の問題の問題数は 8 問、4 点の問題の問題数は 15 問になります。

答え

8 問

 身につく力

a 問とする、b 問とする……というのは、「仮説」を立てる作業であり、勇気をもって自分なりの答えを出す行為になります。

最初はうまくいかないかもしれませんが、一つの答えを導き出

すためのパターンを習得することで、AだからB、BだからCというように、物事を順序立てて説明できるようになります。そうしたトレーニングをくり返すうちに、仕事でも周りとスムーズにコミュニケーションが取れるようになったり、説明がわかりやすいと思ってもらえるようになることでしょう。

　算数を解く練習をすることで、理系脳を磨くだけではなく、物事の考え方・伝え方を鍛えることもできるというわけです。

問題12 [2017 高槻中学校]

次の □ にあてはまる数を求めなさい。

家から店まで、行きは毎分 60 m の速さで歩き、買い物を 10 分ですませたあと、帰りは毎分 40 m の速さで歩きました。家から店までの距離は □ m だったので、家を出発してから戻るまでに 1 時間 50 分かかりました。

ヒント

家から店までの距離を x m として方程式を立て、x を求めます。

解き方

往復で歩いていた時間は、1時間50分 − 10分（買い物の時間）、つまり1時間40分 ＝ 100分

家から店までの距離をxmとすると、時間は距離÷速さで求めるので、x ÷ 60（行き）＋ x ÷ 40（帰り）＝ 100が成り立ちます。

これを解くと、x ＝ 2400

よって、家から店までの距離は2400mになります。

答え

2400（m）

 ## 身につく力

距離と速さと時間の基本的な問題です。仕事でもプライベートでも、日常生活でその有用性を発揮する公式です。ふだん歩いているときに、「毎分何m」といった速さを意識することはなかなかありません。車を運転するときも、今ではカーナビがありますから、目的地までの所要時間を計算することもないでしょう。

かつては、「目的地まで何分くらいかかるよ」と、サラッと計算できるのがプチ自慢だったりしたのですが……。

しかし、コンピューターが全て解決してくれるようになった今だからこそ、そういったものに頼らなくても計算できるというのは大きな強みです。5駅先にある訪問先に電車で移動するとき、所要時間を考慮していつ頃出発すればよいか決めるうえでも、計算は欠かせません。ある仕事を1日で終える必要があるのなら、1時間にどのくらいのペースで取り組めばよいのか、自ずと見えてきます。

そうしてふだんから計算する習慣を身につけておくと、仕事のダンドリもしやすく、時間内に業務を終えられるようになることでしょう。日々の積み重ねが計算力アップにつながり、やがて理系脳に近づいていきます。

問題 13　［2013 開成中学校］

　A地点からB地点に向かって一定の速さで流れている川があります。この川のA地点からボールを流し、同時にB地点からA地点に向けて船が出発しました。船がA地点で折り返して、B地点まで一往復したところ、船がB地点に到着してから42秒後にボールもB地点に到着しました。

　船がB地点からA地点まで行くのにかかった時間は、船がA地点からB地点まで行くのにかかった時間の2.25倍でした。船の静水での速さは一定として以下の問いに答えなさい。

問1　ボールがA地点を出発してからB地点に到着するまでに何分何秒かかりましたか。

問2　船とボールが出発してから、（ア）最初に出会うまでにかかった時間、（イ）船がボールに追いつくまでにかかった時間、をそれぞれ求めなさい。

ヒント

問1は流水算の問題で、速さの比を利用して解きます。
問2の（ア）は速さの出会い算、（イ）は速さの追いかけ算で解く問題です。

解き方

問1　川を上るときと下るときの時間の比は、上り：下り＝ 2.25：1 ＝ 9：4　川を上るときと下るときの速さの比は、4：9 で、川の流れの速さは、(9 − 4) ÷ 2 ＝ 2.5

よって、川を上るときの船の速さと下るときの船の速さと川の流れの速さの比は、4：9：2.5 ＝ ⑧：⑱：⑤ になります。

AB 間の距離を 8 と 18 と 5 の最小公倍数 360 とおくと、

※距離÷速さの比＝時間の比

船が川を上るのにかかる時間は、360 ÷ ⑧ ＝ [45]

船が川を下るのにかかる時間は、360 ÷ ⑱ ＝ [20]

ボールが川を流れるのにかかる時間は、360 ÷ ⑤ ＝ [72]

船が往復するのにかかる時間よりさらに 42 秒遅れてボールは B 地点に着いたので、

[72] − {[45] + [20]} ＝ [7] で、これが 42 秒にあたるので、

42 ÷ 7 × 72 ＝ 432（秒）　432 秒＝ 7 分 12 秒

問2　（ア）川を上るときの船の速さは⑧、ボールが川を流れる速さは⑤で、AB 間の距離は、速さ⑤で 7 分 12 秒かかるので、⑤ × 7.2 になります。

この距離を速さ⑧の船と速さ⑤のボールが出会うので、

⑤ × 7.2 ÷（⑧＋⑤）＝ $2\dfrac{10}{13}$（分）　$2\dfrac{10}{13}$ 分＝ 2 分 $46\dfrac{2}{13}$ 秒

（イ）　AB 間の距離は、⑤ × 7.2 になります。

船が B 地点を出発して A 地点に着くのにかかる時間は、

⑤ × 7.2 ÷ ⑧ ＝ $\dfrac{9}{2}$（分）

船が A 地点に着いたとき、ボールは、

A 地点から $\dfrac{9}{2}$ × ⑤ の地点にいるので、

船がA地点から⑱の速さでボールに追いつくのにかかる時間は、

$\frac{9}{2} \times ⑤ \div (⑱ - ⑤) = \frac{45}{26}$（分）

よって、船がボールに追いつくまでにかかった時間は、

$\frac{9}{2} + \frac{45}{26} = 6\frac{3}{13}$（分）　$6\frac{3}{13}$分 = 6分$13\frac{11}{13}$秒

答え

問1　7分12秒

問2　（ア）2分$46\frac{2}{13}$秒　（イ）6分$13\frac{11}{13}$秒

 身につく力

　この問題の最初の関門が、「川を上るときと下るときの速さの比は、4：9で、川の流れの速さは、(9 − 4) ÷ 2 = 2.5」のところ。下るときの速さには船の動力が加わっているので、上りと下りの速さに差があることに気づけば、(9 − 4) の論拠が明確になり、以後はスムーズになるはずです。

　問題発見、問題解決にあたっては、思考の道筋が重要になってきます。さらに、表現・伝達になると、さらに論拠も明確でなくてはなりません。論拠→式→（整数に直してわかりやすくする・最大公約数で条件を統一するなどの）工夫→着地点。この着地点に到達するためには、どんな論拠と組み立てが必要か。逆引きで思考訓練するのも、理系脳が鍛えられておもしろいと思います。

第 3 章

想像力を駆使して「理系脳」を目覚めさせる

prologue

難しい方程式を使わなくてもOK！
ゲーム感覚で取り組みながら
「解く喜び」を感じよう

　ここからは、ゲーム感覚で楽しめる問題を紹介します。
　小・中学生の頃、算数や理科は嫌いだったけれど、ゲームやパズルは好んで取り組んでいたという方もいるかと思います。では、ゲームやパズルなら取り組めるのに、なぜ勉強になるとやりたくなくなるのでしょうか。「解き方がわからないからつまらない」「方程式が難しくて楽しめない」など、理由は色々だと思います。ですが、解き方がわかればどうでしょう。あるいは、難しい方程式など使わずに解けたら、もっと楽しめると思いませんか。
　本章では、楽しみながら解ける問題を豊富にご用意しました。題材も、おせち料理や地図、ICカードやコインなど身近なものが多く、より楽しみながら解けると思います。
　中には難しいものもありますが、第1章・第2章とはまた一味違った発見があるはずです。ぜひ新たな気持ちでチャレンジしてみてください。

問題01 [2009 千代田区立九段中等教育学校]

★☆☆☆☆

けんじさんといくえさんが話をしています。

けんじ いくえさんは、お正月の準備にどんなことをしたのかな。

[写真1] おせち料理を重箱につめた例

いくえ 私は、おせち料理のお手伝いをしたのよ。毎年、お料理を重箱につめるのが私の仕事なの。

けんじ お店で見るおせち料理は、すごくきれいにつめられているね。

いくえ 味が混ざらないように、しきりや小さな入れ物を使ってつめるのよ。

問 おせち料理を重箱につめます。それぞれの料理は、次の形の入れ物に入っています。その入れ物をどのように並べれば、正方形の重箱にぴったりと入るでしょうか。重箱の図に正確に線を引き、その入れ物に入れた料理の名前を書きなさい。ただし、きんとんの入れ物だけは、指定の場所に決まっています。

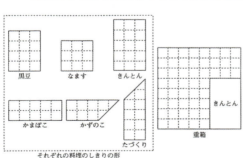

それぞれの料理のしきりの形

ヒント

正方形の重箱におせち料理をぴったりと入るように並べるパズルの問題です。しきりの形（四角形）の同じ長さの辺を合わせるようにして考えましょう。

解き方

しきりの形（四角形）で、同じ長さの辺を合わせるようにして考えると、かずのこ、たづくり、黒豆が以下の2通りの形で並べられます。

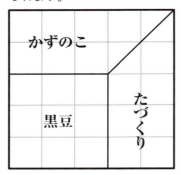
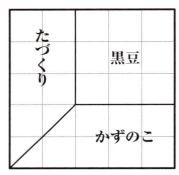

この3つの料理（かずのこ、たづくり、黒豆）はきんとんの左側に並べられます。そしてなますはちょうど、きんとんの上側に並べられます。残りのかまぼこは、3つの料理（かずのこ、たづくり、黒豆）の上側か下側に並べられます。

よって、以下の4通りの並べ方が考えられます。

 身につく力

　マス目に書き込んでいけば答えは得られますが、試験問題としては"思考力"を発揮してほしいところです。

　長い辺を持つたづくりは置く場所が限定される→斜めの辺を持つたづくりとかずのこは、その辺同士が合わさる（ア）→（ア）＋黒豆の長方形ブロックができる（イ）→なますはきんとんの上に決まる→（イ）とかまぼこの組み合わせの数⇒４通り。

　空間認識能力の高い人は、上記の発想と思考の整理を、紙に書くことなく頭の中で行います。ただ、発想力と思考整理能力も伴っているとは限りません。わからないときは書くほうが速いですし、確実性も高くなります。最初はマス目に書き込んでみて、２回目以降は書かずに解いてみる、という風にすると、理系脳を鍛えるトレーニングになりそうです。

　なお「たづくり」とは、カタクチイワシの幼魚を炒って、砂糖・醤油・みりんを煮詰めた汁にからませた料理を指します。かつて、田植えの肥料に乾燥させたイワシが使われていたことから、今の名称で呼ばれるようになりました。この「たづくり」を正月に食べることで、豊作を祈願していたとされます。

問題 02 [2018 洛南高等学校附属中学校]

★★☆☆☆

　右の図のように縦に4部屋、横に4部屋の合計16部屋が並んでいます。各部屋からは隣り合う部屋に移動することができますが、1部屋通るのに1分かかります。各部屋には電灯があり、電灯がついている部屋に入ると電灯が消え、電灯が

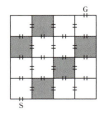

消えている部屋に入ると電灯がつきます。最初、電灯の消えている部屋は図の ■■■ で表されています。Sから入って7分でGから出るとき、次の問いに答えなさい。

　Gから出たとき、各部屋の電灯が次の図のようになる経路を線でかきなさい。

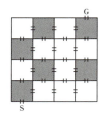

ヒント

部屋に出入りするごとに、ついている電灯が消え、消えている電灯がつくことに注目しましょう。

解き方

Sから入ってGから出るまでにかけられる時間は7分です。つまり、進む方向は常に図の上か右の部屋であり、一度通った部屋に戻ることはありません。

部屋に出入りするごとに、ついている電灯が消え、消えている電灯がつくことに注目すると、最初の電灯のつき方（Sから入る前の電灯のつき方）と最後の電灯のつき方（Gから出た後の電灯のつき方）を重ねて、異なっている部屋を通ったことになります。各部屋に通し番号を振り、最初と最後の電灯のつき方を比べると、次のようになります。

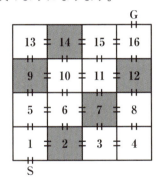 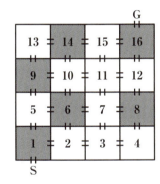

電灯のつき方が最初と最後で変わった部屋の番号は、1、2、6、7、8、12、16の7部屋です。

この7部屋をSから順に隣り合う部屋に移動するようにつなぐと、1→2→6→7→8→12→16の経路になります。

答え

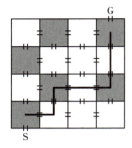

 身につく力

　思考の柔軟性を養う入口のような問題といえます。

　入試問題として出題されると、「う〜ん」と唸るような問題でも、「パズルで遊ぼう」とか「クイズを解こう」となると気が楽になりませんか。緊張感がなかったり、固い頭が柔らかくなるからです。

　受験生でも、大人でも、設問文を落ち着いて読めば、電灯のつき方の色が変わった部屋をなぞるだけですから、簡単にゴールできるはずです。

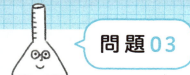

問題03 ［2017 宮城県仙台二華中学校・改編］

華子さんと二郎さんの小学校では、地域のことを紹介する、ふるさと館の見学を行いました。次の問題に答えなさい。

次の会話文は、華子さんがふるさと館の屋上で係員さんから説明を受けたときのものです。あとの問題に答えなさい。

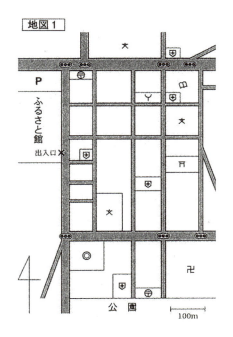

係員さん　この場所からは、周辺の施設や町なみ、遠くに山を見ることができます。川の流れも見えますね。あの川は太平洋まで続いています。

華子さん　ここはながめがよくて、いろいろなものが見えますね。

係員さん　方位磁針を準備しているので、方角を確認しながら見てみるといいですよ。

問 「周辺の施設」とありますが、地図１は、ふるさと館周辺の施設の地図です。
次の①〜④の道順で進んだとき、☐☐☐に入る施設名を答えなさい。

---

① ふるさと館の出入口から道路に出て、道路を南の方向に約250m進むと信号機のある交差点があります。
② その交差点から東の方向へ約120m進むと北側に学校があります。
③ そのまま東に進み、学校をこえてすぐの十字路を南の方向へ約150m進むと病院があります。
④ その病院の前の道路をはさんだ向かい側には☐☐☐があります。

ヒント

地図の読み取りに関する問題です。問題の説明にある道順を正確に読み取って、指示通りに進めば解答にたどり着きます。東西南北の方角をしっかりととらえることができるかどうかがポイントです。

解き方

　地図表記の約束事として、特に何も指示がない場合は、地図に向かって上が「北」となります。また、その他に方角を示す地図記号がある場合は、その記号の指示に従います。代表的な記号としては、図のようなものがあります。

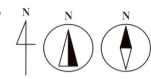

　どの方位記号も矢に従って、矢印の先が右を向いていた場合は、向かって右側が北となり、必ずしも地図の上が北にはなっていない点が要注意です。

　地図を見る際は、まず地図に方位記号があるかないかを確認してから、方位の見当を付ける必要があります。

　今回の問題の場合、地図の左下に方位記号があり、矢印の先が地図の上を指していますので、向かって上が北となります。それを踏まえた上で、①～④の道順を確認します。

①ふるさと館の出入り口から道路に出て南に約250 m進むので、地図の下に向かって進みます。そのまま信号機のある交差点までまっすぐ進みます。

②交差点から東に約120 m進むとあるので、右に向かって進みます。すると⊗という学校の地図記号に出くわします。

③学校をこえてすぐの十字路を南の方向に約150 m進むとありますので、地図の下に向かって進みます。すると⊕の病院の地図記号が見えてきます。

④病院の前の道路をはさんだ向かい側にある建物を考えます。〒の記号がありますので、答えは郵便局となります。

> 答え

郵便局

 身につく力

　地図の読み取りに関する基礎問題です。平面図で北が真上の場合は、右が東、左が西、下が南。これは常識の範囲です。学校、病院、郵便局、神社、市役所、消防署などの主要な地図記号も、常識の範囲でしょう。解く方にはサービス問題かもしれません。

　大人は、もちろん常識の範囲ですから、すんなり「郵便局」へたどり着きますよね。

問題04 [2018 海城中学校・改編]

★★★★☆

　これは、ある国のお城から魔王に連れ去られた姫を勇者が救いに行き、もとのお城まで連れて戻ってくる冒険の物語です。この国では格子状の道があり、行きは北か東のみ、帰りは南か西のみ動くことができます。

　図のように街には川が流れており、橋を渡って通るしかありません。ただし、橋は1度通るとこわれてしまい、再び通ることができなくなります。このとき、勇者が姫を無事にお城まで連れて戻ってこられる方法は何通りありますか。

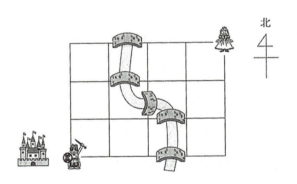

　ヒント

中学入試でよく出題される問題です。あわてずに場合分けをしていくのが最適でしょう。

解き方

道順の場合の数を求める問題（最短経路問題）は、高校数学では、式を使って解を求めていきますが、ここでは「書き込み方式」を使います（高校でも使っていますが）。

橋を通らずに城へは行けないので、5つそれぞれの橋を通るパターンを考えます。5つの橋を順に橋A、橋B、橋C、橋D、橋Eとします。

【橋A】を通る場合

起点から ⓐ および ㋐ へ行く行き方は1通りずつ。この（1通り+1通り）が ㋑ へ行くすべての行き方（2通り）になります。ⓐから ⓑ、ⓑから ⓒ へ行く行き方も1通り

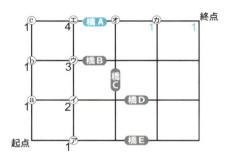

です。㋒へは、㋑の2通りと ⓐから ⓑへ行く1通りを足した3通りの行き方になります。同様に ㋓ には4通りの行き方があることになります。

問題のように、起点から北と東にしか進めない条件で、橋Aを渡る

方法は4通りしかありません。

橋Aを渡り終わったら、今度は ㋔ が起点とな

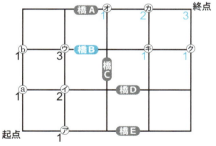

ります。㋔から ㋕、㋕から終点までの行き方は1通りだけです。

よって、（橋Aまでの行き方）×（橋Aからの行き方）

= 4 × 1 = 4（通り）

橋Bも橋Aと同じように書き込むと、

（橋Bまでの行き方）×（橋Bからの行き方）＝3×3＝9（通り）

同様に、橋C→9通り、橋D→9通り、橋E→4通りとなります。

次に、帰りのパターンを考えます。

行きは「特定の橋しか通れない」パターンであったのに対して、帰りは「特定のこわれた橋を渡れない」パターンです。

橋Aの場合は、㋑でストップ。そこから西へは行けません。㋕、㋖には㋓から行けますので3通りのままです。

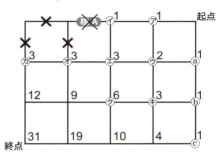

（起点から㋐までの行き方）＋（起点から@までの行き方）
　＝1＋1＝2（通り）…㋒

（起点から㋑までの行き方）＋（起点から㋒までの行き方）＝1＋2＝3（通り）…㋓

（起点から㋓までの行き方）＋（起点から㋔までの行き方）＝3＋3＝6（通り）…㋗

同様に終点までを書き込んでいくと、31通りになります。

この書き込み作業を繰り返すと、行きと帰りの全パターンが判明します。

次に、橋ごとに行きと帰りのパターン数をまとめ、（行きの行き方の場合の数）×（帰りの行き方の場合の数）を求めます。

行きに橋Aを使う場合、行きは4通り、帰りは31通りだから、4×31＝124（通り）

行きに橋Bを使う場合、行きは9通り、帰りは26通りだから、

$9 \times 26 = 234$（通り）

行きに橋Cを使う場合、行きは9通り、帰りは26通りだから、
$9 \times 26 = 234$（通り）

行きに橋Dを使う場合、行きは9通り、帰りは26通りだから、
$9 \times 26 = 234$（通り）

行きに橋Eを使う場合、行きは4通り、帰りは31通りだから、
$4 \times 31 = 124$（通り）

よって、$124 \times 2 + 234 \times 3 = 950$（通り）が答えです。

答え

950（通り）

身につく力

中学入試では「やや難」のレベルで、高校数学でも出てくる題材です。マス目を使って、何通りあるかを書き込んでいくこの作業。「面倒くさい」と思われるかもしれませんが、じつは、最強の方法でもあります。難しい方程式を使うほうが、よっぽど面倒くさいです。類題をいくつかこなせば、何通りあるかもすぐに浮かんでくるようになります。

また、この方法を知っていると、全体が長方形ではなく階段状であるとか、途中に通れない箇所があったりしても、簡単に解いていけます。何の条件もなく、単にマス目が多くなるだけであれば、「前項と前々項の和の順列」の法則を思い出せば、答えにたどり着くはずです。

算数・数学は、論理的な教科です。道筋を間違えずに考えていけば、時間はかかっても正解にたどり着きます。高度な問題にな

ると、法則や定理などの知識が不可欠になりますが、確実に答えに近づいていくということでは、順序立てて思考を整理しながら重ねていく作業が、「好き」とか「得意」だという人は、理数系向きということになります。

　一方、論理立てて考えるよりは、一瞬の瞬発力とか発想力に長けているという人は、芸術・スポーツ向きと思われがちです。

　しかし、論理的に考える、思考の整理を重ねる、あるいは、数字に強い、といった理系脳は、文系・理系・スポーツ系・芸術系を問わず、才能開花に大いに影響しているのです。

[2018 ラ・サール中学校]

何枚かのコインを横一列に並べます。3枚以上表が連続するところがある並べ方は何通りですか。次の場合について答えなさい。

ア 5枚を並べるとき
イ 6枚を並べるとき

ヒント

コインを横一列に並べたときの場合の数を求める問題です。3枚以上表が連続する並び方を問われているので、アのときは、ⅰ）5枚表が連続するとき、ⅱ）4枚表が連続するとき、ⅲ）3枚表が連続するときと、場合分けして考えます。イのときも同様に考えます。

解き方

コインの表を A、裏を B とします。

ア i）5 枚表が連続する場合の数は、AAAAA の 1 通りです。

ii）4 枚表が連続する場合の数は、AAAAB、BAAAA の 2 通り。

iii）3 枚表が連続する場合の数は、AAABA、AAABB、BAAAB、ABAAA、BBAAA の 5 通りです。

よって、5 枚を並べるとき、3 枚以上表が連続するところがある並べ方は、1 + 2 + 5 = 8（通り）です。

イ i）6 枚表が連続する場合の数は、AAAAAA の 1 通りです。

ii）5 枚表が連続する場合の数は、AAAAAB、BAAAAA の 2 通り。

iii）4 枚表が連続する場合の数は、AAAABA、AAAABB、BAAAAB、ABAAAA、BBAAAA の 5 通りです。

iv）3 枚表が連続する場合の数は、AAABAA、AAABAB、AAABBA、AAABBB、BAAABA、BAAABB、ABAAAB、BBAAAB、AABAAA、ABBAAA、BABAAA、BBBAAA の 12 通りです。

よって、6 枚を並べるとき、3 枚以上表が連続するところがある並べ方は、1 + 2 + 5 + 12 = 20（通り）です。

答え

ア 8（通り）

イ 20（通り）

身につく力

3 枚ではなく、「3 枚以上」なので、アなら 4 枚・5 枚の場合、イ

101

なら4枚・5枚・6枚の場合を、すべて書き出せば答えは出ます。問題としては簡単ですが、あなどることなくきっちりと書き出す作業を進めることが肝要です。「思考の整理」の基礎練習ともいえます。

　ふだん「提案書に大事な情報を入れ忘れた」「添付ファイルを忘れた」といったケアレスミスの多い人は、こうした問題を解く練習をすることによって、何が必要で何が必要でないのか、思考を整理することができます。思考を整理できれば、ミスも減ることでしょう。ぜひあきらめず、試してもらいたいと思います。

問題 06 ［2012 開成中学校］

★★★★☆

　AさんはICカードを使ってバスに乗ります。ICカードとは、チャージ金額が記録されているカードで、乗車するごとに運賃と同じだけチャージ金額が減るものです。正規運賃は210円で、正規運賃で4回乗車するごとに次の1回は割引運賃で乗車できます。1回目の割引運賃は100円、2回目の割引運賃は90円、3回目の割引運賃は80円、……というように割引運賃は回を追うごとに10円ずつ額が減っていき、0円になったらそれ以降は、4回乗車するごとに次の1回は0円、すなわち無料で乗車できます。

　Aさんがバスにはじめて乗車する前のチャージ金額は3000円で、チャージ金額が210円未満になったら次回乗車するまでにAさんが5000円チャージ（入金）することにします。

問1 Aさんは1回もチャージすることなく、このICカードで何回まで乗車できますか。

問2 はじめて0円で乗車できるまでに、Aさんは何回チャージすることになりますか。

問3 このICカードで2012回乗車するまでに、Aさんは何回チャージすることになりますか。

ヒント

バスの運賃のルールにしたがって、乗車回数やICカードのチャージ回数を求める問題です。普段通勤などで使用する身近な題材をテーマにした問題でもあります。正規運賃4回、割引運賃1回の乗車の組み合わせから問題を解いていきます。

解き方

問1　正規運賃4回、割引運賃1回の組み合わせ（5回の乗車）を繰り返します。正規運賃は210円だから、210 × 4 = 840（円）

　割引運賃は、100円、90円、80円、…と10円ずつ減っていくので、(840 + 100) + (840 + 90) + (840 + 80) = 2790（円）…5 × 3 = 15（回）の乗車分の運賃

　3000 − 2790 = 210（円）より、あと1回正規運賃で乗車ができるので、15 + 1 = 16（回）まで乗車できます。

問2　(840 + 100) + (840 + 90) + (840 + 80) + …… + (840 + 10) + (840 + 0) = 840 × 11 + 550 = 9790（円）…はじめて0円で乗車できるまでにかかった運賃

　すでに3000円がチャージされているので、9790 − 3000 = 6790（円）分のチャージが必要になります。

　チャージは1回につき5000円なので、6790 ÷ 5000 = 1.358より、チャージ回数は1 + 1 = 2（回）になります。

問3　問2より、5 × 11 = 55（回）の乗車で9790円の運賃がかかります。これ以降の乗車では、割引運賃は0円になるので、(2012 − 55) ÷ 5 = 391.4

　よって、9790 + 840 × 391 + 210 × 2 = 338650（円）…2012回乗車したときにかかる運賃の合計と同じ要領で解いていきます。(338650 − 3000) ÷ 5000 = 67.13より、チャージ回数は67 + 1 = 68（回）になります。

答え

問1　16（回）

問2　2（回）

問3　68（回）

身につく力

　少し難しかったでしょうか。

　理系脳とは、前項でも触れましたが、「思考を整理する力」といえます。問いかけに対して、論理的に数式を使って答えを出す。そこには、「思考の整理」（条件整理、情報の整理）が絶対不可欠です。

　ただし、その条件整理、情報の整理といった感情のないデータについては、AIのほうが素早く処理することでしょう。人間にとって当面残されるのは、"思考"という部分です。

　算数・数学を学ぶ目的など、子どものころには考えもしなかったのではないでしょうか。公式を覚えるのは「つまらない」「面倒くさい」と、途中で投げ出したという方もいると思います。授業で「覚えろ、覚えろ」といわれても、思考力が身につくどころか知的好奇心がわかず、勉強そのものが嫌いになっても無理はありません。

　知識・技術はAIが担います。では、人間は何を担うのでしょうか？　それが「思考力」だと考えます。思考力は、本をなんとなく読むだけでは身につきづらいものです。本書の問題を通してぜひ、毎日鍛えてもらいたいと思います。「生きる力」もしっかり身につくことでしょう。

問題 07　[2018 海陽中等教育学校・改編]

クラスで委員を決めることになりました。Aさん、Bさん、Cさんの3人が候補者で、クラスの10人が候補者3人に1位から3位までの順位を決めて投票しました。

結果は次のようになりました。

　1位Aさん、2位Bさん、3位Cさん　の票が5票
　1位Bさん、2位Cさん、3位Aさん　の票が5票
　1位Cさん、2位Aさん、3位Bさん　の票が5票

それぞれの順位ごとに点数を決めて、合計点の一番多い人が委員になるようにしました。点数はすべて異なる整数で、1位が一番大きく、3位が一番小さくなるように決めます。

問1　1位には5点、2位には3点、3位には1点と点数を決めたとき、3人の合計点をそれぞれ答えなさい。

問2　Aさんの合計点が37点、Bさんの合計点が30点、Cさんの合計点が23点でした。1位から3位の点数はそれぞれ何点でしたか。

問3　Bさんの合計点がAさんの合計点を超えることがありますか。超えることがあれば1位から3位の点数の例をあげ、超えることがなければ理由を答えなさい。

問4　Cさんの合計点がAさんの合計点を超えることがありますか。超えることがあれば1位から3位の点数の例をあげ、超えることがなければ理由を答えなさい。

ヒント

Aさん、Bさん、Cさんの1位、2位、3位の票数の差を利用して合計点の大小を考える問題です。不等式を使って考えましょう。

解き方

問1 Aさんの合計点は、5 × 5 + 3 × 2 + 1 × 3 = 34（点）
Bさんの合計点は、5 × 3 + 3 × 5 + 1 × 2 = 32（点）
Cさんの合計点は、5 × 2 + 3 × 3 + 1 × 5 = 24（点）

問2 1位をa点、2位をb点、3位をc点とします。
3人の合計点から次のような式が立てられます。
5a + 2b + 3c = 37…①
3a + 5b + 2c = 30…②
2a + 3b + 5c = 23…③
①＋②－③より、6a + 4b = 44　3a + 2b = 22…④
a＞bで、④を満たす整数a、bは、a = 6、b = 2です。
①にa = 6、b = 2を代入すると、c = 1
よって、1位は6点、2位は2点、3位は1点になります。

問3 AさんとBさんの票数を比べると、以下の①～③がいえます。
　①1位の票数はAさんの方が2票多い。
　②2位の票数はBさんの方が3票多い。
　③3位の票数はAさんの方が1票多い。
Bさんの合計点がAさんの合計点を超えるのは、2a + c ＜ 3b のときです。
a＞b＞cより、2a＞2b、c＜bでaとbの差が小さく、bとcの差が大きいとき、BさんのBさんの合計点はAさんの合計点を超えることがあります。
たとえば、1位が6点、2位が5点、3位が1点の場合、Aさんの合計点は43点、Bさんの合計点は45点で、Bさんの合計点がAさんの合計点を超えています。

問4 AさんとCさんの票数を比べると、以下の①～③がいえます。

① 1位の票数はAさんの方が3票多い。
② 2位の票数はCさんの方が1票多い。
③ 3位の票数はCさんの方が2票多い。
Cさんの合計点がAさんの合計点を超えるのは、
3a ＜ b + 2c のときですが、a ＞ b ＞ c より、b + 2c ＜ a + 2a = 3a となり、3a ＜ b + 2c とはなりません。

よって、Cさんの合計点がAさんの合計点を超えることはありません。

答え

問1　Aさんの合計点：34（点）、Bさんの合計点：32（点）、Cさんの合計点：24（点）

問2　1位は6点、2位は2点、3位は1点

問3　Bさんの合計点はAさんの合計点を超えることがあります。たとえば、1位が6点、2位が5点、3位が1点の場合、Aさんの合計点は43点、Bさんの合計点は45点で、Bさんの合計点がAさんの合計点を超えています。

問4　Cさんの合計点がAさんの合計点を超えることはありません。

身につく力

　理系脳が大喜びするような問題です。ここでいう理系脳とは、論理的思考ができる、思考の整理ができる、条件についての判断力がある、仮説を立てる勇気がある、算数の知識が豊富である……

などと定義できるでしょう。

　この問題では、もうひとつ、「コツコツと思考を積み上げていく根気がある力があるかどうか」を見たいという出題者の意図を感じます。人間は万能ではないので、上記すべての能力が身につくわけではありませんが、問題を通して、レベル1だったものが2になり、3になり……というふうに、少しずつ高めることはできます。ぜひあきらめずに、1日1問ずつ解いてみてください。

第3章　想像力を駆使して「理系脳」を目覚めさせる

問題 08 [2018 甲陽学院中学校・改編]

図のように正方形を縦に２個、横に４個並べて長方形を作り、１本の対角線を引くと、対角線は４個の正方形の中を通ります。

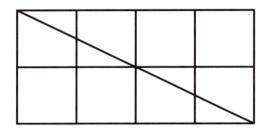

次のように正方形を並べて長方形を作り、１本の対角線を引いたとき、対角線はいくつの正方形の中を通りますか。ただし、正方形は一番小さなものだけを数えます。

ア　縦に 13 個、横に 17 個並べたとき
イ　縦に 2018 個、横に 9081 個並べたとき

 ヒント

対角線が通る正方形の数を求める問題で、規則性を利用して解きます。

解き方

正方形を縦に x 個、横に y 個並べて長方形を作り、その長方形の対角線を 1 本引いたときに対角線が通る正方形の数は、x + y −（x と y の最大公約数）で求められます。

縦 2 個、横 5 個の場合　　縦 3 個、横 5 個の場合

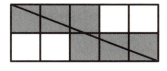
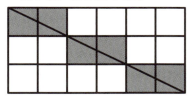

2 + 5 − 1 = 6（個）　　3 + 5 − 1 = 7（個）

縦 2 個、横 4 個の場合　　縦 3 個、横 6 個の場合

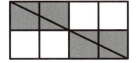
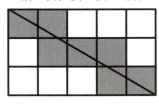

2 + 4 − 2 = 4（個）　　3 + 6 − 3 = 6（個）

ア　13 と 17 の最大公約数は 1（互いに素）なので、対角線が通る正方形の数は、13 + 17 − 1 = 29（個）になります。

イ　2018 と 9081 の最大公約数は 1009 なので、対角線が通る正方形の数は、2018 + 9081 − 1009 = 10090（個）になります。

答え

ア　29（個）　イ　10090（個）

 身につく力

　公式を知らなければ書いてみればいいのですが、試験には制限時間もありますし、出題側が書いて解答することを望んでいるかどうかもわかりません（たぶん望んでいないでしょう）。

　正方形の数が少なければ書いてみることもできますが、さすがに 2018 × 9081 のマス目は無理です。ということは、公式を知らないと勝負にならないわけです。

「この公式が、何の役に立つんだろう」と思う方もいることでしょう。たしかに、思考力以前の問題で、公式さえ覚えていれば正解を得られます。

　では、こういった問題がなぜ出題されるのでしょうか。

　ひとつは、「規則性」や「法則」というものが存在し、ある物事についてはそれらに沿って考えると解決するからです。

　なかなか解決しない場合は、どうするのでしょうか。それは、2018 × 9081 のマス目を書く労を惜しまないか、考えつくすかです。場合によっては、この問題を捨てるという選択肢もあるでしょう。

　仕事でも、とても自分では対応しきれないと思ったら、誰か別のメンバーに助けを求める。あるいは、やり方について先輩に聞いてみるなど、限られた時間でできることがあるはずです。試験でこれはできませんが、仕事は試験ではないのですから、ぜひ考えうる選択肢を行動に移し、一つひとつクリアしていきましょう。

問題09 [2018 灘中学校]

★★★★☆

　図のような形をしたタイルがそれぞれ何枚かあります。これらを裏返さずに、壁に固定された枠の中にすき間なくぴったりはりつけます。

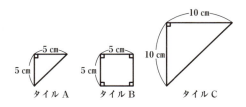

問1　縦5cm、横10cmの長方形の枠の中に、4枚のタイルAをはりつける方法は全部で□□□通りあります。

問2　1辺の長さが10cmの正方形の枠の中に、4枚のタイルAと2枚のタイルBをはりつける方法は全部で□□□通りあります。

問3　縦10cm、横15cmの長方形の枠の中に、2枚のタイルBと2枚のタイルCをはりつける方法は全部で□□□通りあり、4枚のタイルAと2枚のタイルCをはりつける方法は全部で□□□通りあります。

問4　縦10cm、横20cmの長方形の枠の中に、4枚のタイルAと2枚のタイルBと2枚のタイルCをはりつけます。このとき、2枚のタイルCの置き方は全部で何通りありますか。

ヒント

積の法則を利用して場合の数を求める問題です。図に示してパターンを考えましょう。

解き方

問1 次の4通りあります。

問2 4マスのうち、2マスを選ぶ選び方は、
4 × 3 ÷ 2 = 6（通り）
Aの置き方は、2 × 2 = 4（通り）あるので、
6 × 4 = 24（通り）あります。

問3 2枚のタイルBと2枚のタイルCをはりつける方法は、次の4通りあります。

　4枚のタイルAと2枚のタイルCをはりつける方法は、2 × 2 × 2 × 2 = 16（通り）と、次の2通りあるので、全部で 16 + 2 = 18（通り）あります。

問4　図1より、4 × 4 = 16（通り）
図2より、3 × 2 = 6（通り）
図3より、2 × 2 = 4（通り）
よって、16 + 6 + 4 = 26（通り）あります。

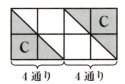 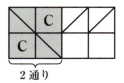 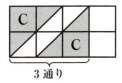

| 4通り | 4通り | 2通り | 3通り |

> 答え

問1　4（通り）

問2　24（通り）

問3　18（通り）

問4　26（通り）

 身につく力

　灘中学校の問題らしいと思うのは、これが大問1で出題されているところ。基本的な問題ではありますが、簡単ではありません。頭が固くては正答率が下がります。発想力がなければ苦しみます。ここでは、制限時間を無視して述べることにしましょう。

　ポイントは、とにかく図を描いてパターンを挙げていくことです。あえて課題とするなら、「注意力」でしょうか。

　整理して考えることも大切です。①Bのタイルだけを考える、②Cのタイルだけを考える、①×②で答えを出す。これで進めばいいのに、①も②も同時に行うと、生まれるのは答えではなく、焦りと不安になってしまいます。まずは一つずつ、丁寧に解いていきましょう。問題に向かう姿勢は、実生活にも必ずつながっていきます。

[2018 東京都立小石川中等教育学校]

★★★★★

たかしさんとよしこさんが、長方形の紙を折って遊んでいます。

> 問題を解くときの注意点
> ○たかしさんとよしこさんが使う紙は、何回でも折れるものとします。
> ○その紙を折るときや、折った紙を開くときは、紙を回転させたり、向きを変えたりしないものとします。
> ※この問題は考えて解答するものです。問題を解くときに、問題用紙や解答用紙、ティッシュペーパーなどを実際に折ってはいけません。

たかし　よしこさんの作る折り紙の作品はどれもきれいだね。

よしこ　ひとつひとつの折り目をていねいにくっきりとつけるようにすると形が整うわ。長方形の紙で練習してみましょうか。紙を図1のように机に置いたとき、それぞれの方向を左、右、上、下と呼ぶことにするわね。まずは、紙の右はしを動かないように固定して、長方形の左半分が右半分にぴったりと重なるように折ってみて。この折り方を折り方①と名付けましょう。

> 折り方①：紙の右はしを動かないように固定して、長方形の左半分が右半分にぴったりと重なるように折る。

たかし　折り方①で1回折ってみたよ。図2のように、横がもとの長さの半分の長方形になったね。

よしこ　その状態から折り方①でもう1回折ったら、図3のようにさらに横の長さが半分の長方形ができたわ。

たかし　きれいに折る方法がわかってきたぞ。さらに折り方①でもう1回折ってみるね。どれどれ、きれいに折れているかな。紙を開いて確かめてみよう。

よしこ　ていねいに折ったから、山折り線と谷折り線がきれいについているわね。

たかし　でも、その並び方は図4のようになっていて、不規則に感じるね。

よしこ　左から順に折り目の並び方を、山折り線を「∧」、谷折り線を「∨」という記号を使って書くと、「∧∧∨∨∧∨∨」となっているわ。規則のようなものは本当にないのかしら。紙を折る回数を1回増やすごとに折り目の並び方がどのように変わるのかを調べてみましょうよ。

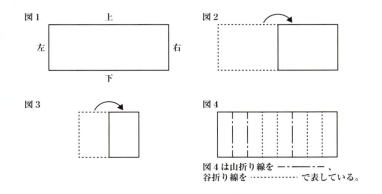

図4は山折り線を —・——・—、
谷折り線を ……………… で表している。

問1 1枚の長方形の紙を、折り方①で2回折ってから開いたときの折り目の並び方を、山折り線を「∧」、谷折り線を「∨」という記号で表し、左から順に書きなさい。

問2 1枚の長方形の紙を、折り方①で4回折ってから開いたときの折り目の並び方を、山折り線を「∧」、谷折り線を「∨」という記号で表し、左から順に書きなさい。また、そのように考えた理由を、図や記号を用いて説明しなさい。

ヒント

紙の右端を固定して左端を動かして1回折ると、谷折りが1個できます。2回折ると、1回目に折ったときに上になっていた部分に山折りが1個、下になっていた部分に谷折りが1個できます。3回、4回と折ると、どのようになるでしょうか。

解き方

問1　∧∨∨

　1回折ると、谷折りが1個できます。2回折ると、1回目に折った ことによって紙が二重になっている（紙が2枚重なった状態に なっている）ので、山折りと谷折りが1個ずつ、合わせて2個 できます。このとき、新たにできた山折り、谷折りは、もと もとあった谷折りの両側にできることと、紙を広げたときに山折 り・谷折りは紙の左右どちらにあるのか注意しましょう。

問2　∧∧∨∧∧∨∨∧∧∧∨∨∧∨∨

　問1より、1回折ると谷折りが1個できます。また、1回折った時点で紙が二重になっている（紙が2枚重なった状態になっている）ので、2回折ると新たに山折りと谷折りが1個ずつ、合わせて2個できます。同様に、2回折った時点で紙が四重になっている（紙が4枚重なった状態になっている）ので、3回折ると新たに山折りと谷折りが2個ずつ、合わせて4個できます。

　このように、紙を折る回数が1回増えるごとに、紙の重なりは増えます。紙をn回折るときに、重なっている紙は2^{n-1}枚、新たにできる山折りと谷折りは$\dfrac{2^{n-1}}{2}$個ずつ、合わせて2^{n-1}個、すべての折り目の個数は$(2n-1)$個と表せます。

　また、新たにできる折り目は必ず、すでにできている折り目を挟むようにできます。問題の4回折ってから紙を開いたときの15個の折り目は、次ページのようになっています。

∧	∧	∨	∧	∧	∧	∨	∨	∧	∧	∨	∧	∧	∧	∨
4回目の折り目	3回目の折り目	4回目の折り目	2回目の折り目	4回目の折り目	3回目の折り目	4回目の折り目	1回目の折り目	4回目の折り目	3回目の折り目	4回目の折り目	2回目の折り目	4回目の折り目	3回目の折り目	4回目の折り目

2回目の折り目だけを取り出すと、左から順に、∧ ∨
3回目の折り目だけを取り出すと、左から順に、∧ ∨ ∧ ∨
4回目の折り目だけを取り出すと、左から順に、∧ ∨ ∧ ∨ ∧ ∨ ∧ ∨
このように、必ず山折りと谷折りが同じ数ずつ交互にできます。

答え

問1 ∧ ∨ ∨

問2 ∧ ∧ ∨ ∧ ∧ ∨ ∨ ∨ ∧ ∧ ∨ ∨ ∧ ∨ ∨

 身につく力

　実際に紙を使って考えてみると簡単な問題でも、頭の中で考えるだけで答えを出すとなると、実に厄介です。適性検査型と呼ば

れる問題には、このようなパターンが多く見られます。身近な題材や現象などを、いかに正確に"想像"し、"表現"できるかを問います。

　まず、落ち着いて文章を読み取る⇒相手の話をしっかりと聞く。伝達文章を理解する。

　思考の順番を間違えず整理していく⇒自分が考えるべきこと行うべきことを整理・実行していく。

　自分勝手な表現をしない⇒相手の気持ち（要求）に則した想像力を働かせて、わかりやすく伝える。

　これらの思考・行動は、何年キャリアを重ねても、変わらず求められる能力です。

[2010 本郷中学校]

☆ ☆ ☆ ☆ ☆

　階段を1段ずつと2段ずつ混ぜてのぼる、のぼり方を調べます。たとえば3段の階段の場合、のぼり方は（1段＋1段＋1段）、（1段＋2段）、（2段＋1段）の3通りになります。階段が8段のとき、のぼり方は何通りですか。

中学入試でも定番の「階段昇り問題」です。中世イタリア数学者フィボナッチにちなみ、フィボナッチ数列と呼ばれています。

解き方

　「最初の2項が1で、第3項以降の項がすべて直前の2項の和になっている数列」のことをフィボナッチ数列といいます。この数列は、1、1、2、3、5、8、13、21、34……と続いていきます。

　ポイントは、「一歩前にどこにいるか」を考えることです。

　たとえば問題で、4段目にいる人のことを考えてみましょう。
　階段は1段か2段でしか上がれないので、4段目にいる人は、一歩前には「2段目か3段目」にいたことになります。
　よって、4段目への行き方は（[2段目への行き方の数]＋[3段目への行き方の数]）通りあるということです。
　n段目への行き方は、（[nの1段前への行き方の数]＋[nの2段前への行き方の数]）通りある」といえます。
　1段目への行き方は1通り、2段目への行き方は2通り（1段ずつ上がっていく行き方と一気に2段上がる行き方）であることを考えると、
　3段目への行き方は 1＋2＝3通り、
　4段目への行き方は 2＋3＝5通り、
　5段目への行き方は 3＋5＝8通り、
　6段目への行き方は 5＋8＝13通り、
　7段目への行き方は 8＋13＝21通り、
　8段目への行き方は 13＋21＝34通り、
　よって、34通りです。
　この「前の2つの数字を足す」という計算は、フィボナッチ数列とまったく同じですから、出てくる数字もフィボナッチ数列と似てきます（フィボナッチ数列は最初の2項が「1、1」です）。

ちなみに、自然界においては、フィボナッチ数列がよく出現します。有名なのはひまわりの種です。花の中心に隙間なく並んでいる種をよく見ると、右回りと左回りに、螺旋上に並んでいます。この列は、ほとんどの場合「21、34、55」というフィボナッチ数列の中の数です。

答え

34 通り

身につく力

　「フィボナッチ数列」は、大学入試問題でも頻出テーマといわれています。この数列に関する証明問題は、高校の後半で取り組む方もいるでしょう。それほど難解なものですが、基本的なしくみは、中学入試の「階段昇り問題」にも使われています。「"理屈"を理解すれば、答えは目の前」というパターンです。

　ところで「フィボナッチ数列」は、教養としてもある程度知っておきたいものです。「ミロのヴィーナス」「パルテノン宮殿」「凱旋門」「金閣寺」「唐招提寺金堂」など、この法則が使われている芸術や建造物が世界中にたくさんあります。「もっとも美しいもの」の比率といわれる「フィボナッチ数列」に、思考の合間に触れてみてはいかがですか。頭が休まらなくなるかもしれませんが……。

第 4 章

情報を整理して答えを導き出す

prologue

あきらめるのはいつでもできる 「少し考えてみよう」の積み重ねで 答えを導き出す習慣をつけよう

　本章は、理科分野の問題を揃えています。
　知識を問う問題もありますが、多くは、書かれている情報から推測していくものになります。未知の問題を目の前にしたとき、「知らない」「わからない」で簡単にあきらめるのはいつでもできます。そうではなく、「わからないけど、こうではないか」「違っているかもしれないけど、もしかするとこうではないか」などと推測し、答えを導き出す習慣があるかないか。この差が、最終的にビジネスの場面でも響いてきます。
「自分ではできない」と思ったとき、早々に自分よりできる人にバトンタッチすることは、効率の面では決して悪いことではありません。しかし、「少し考えてみる」という工程の積み重ねが、困難を乗り越える習慣を作っていきます。入試問題は仕事ではありませんが、ぜひあなたならどう答えるか、１分でも２分でもいいので、少し考えてみてほしいと思います。

問題01　[2012 同志社中学校]

次の手紙を読んで、下の問いに答えなさい。

おじいちゃん、おばあちゃんお元気ですか？

私はこの夏、北海道に行きました。そこで、たくさんのマークを見つけたのでいっしょに送ります。

（植物）①　②　③　④　⑤

この植物Aはハート型の葉で、家の周りで黄色の花をよく見ます。晩ごはんに食べた植物Bは、春に芽が出てきたころにつんだものです。植物Cはおにぎりにしてお昼ごはんにも食べました。そのとき植物Dでつつんでくさりにくくしていました。植物Eは「秋の七草」にもあって、きれいなむらさき色の花をさかせます。

（略）

冬はおじいちゃんのところへ行こうと思います。からだに気をつけて、元気でいてください。

問1　植物Aのマークの番号と名前の組み合わせは次のどれですか。
1．①イネ　2．①ササ　3．②キキョウ　4．②カタバミ
5．③ワラビ　6．③キキョウ　7．④ワラビ　8．④イネ

問2　植物Bのマークの番号と名前の組み合わせはどれですか。問1の1〜8から選びなさい。

問3　植物Cのマークの番号と名前の組み合わせはどれですか。問1の1〜8から選びなさい。

問4　植物Dのマークの番号と名前の組み合わせを、次の1〜4から選

びなさい。
1．①ササ　2．②タケ　3．④タケ　4．⑤ササ
問5　植物Eのマークの番号と名前の組み合わせはどれですか。問1の1〜8から選びなさい。

ヒント

身近な植物の特徴に関する問題です。それぞれの植物の葉の形や花の色、あるいは食用として使われていた、容器として用いられていたなどの情報を元に特定できれば解答が導き出せます。日常生活に関連する事柄に関心を持っているかどうかも重要な要素となります。

解き方

それぞれの植物を特定するヒントを問題文の中から見つけ出します。

植物　A　ハート形の葉で、家の周りで黄色の花を咲かせる。

植物　B　晩ごはんに食べた（食用になる）、春に芽が出る。

植物　C　おにぎりにしてお昼ごはんに食べた。

植物　D　植物Cを植物Dでつつんで腐りにくくした（つつむことができる植物）。

植物　E　「秋の七草」にもあり、きれいな紫色の花を咲かせる。

問1　植物Aのヒントから、単子葉植物のイネやササ、シダ植物であり、胞子で増え花を付けないワラビは除外します。キキョウの花の色を理解していればすぐに解答を出せますが、そうでない場合、ハート形の葉の形から、②のマークが植物Aと判断できます。よって答えは4の②カタバミです。

問2　ヒントからワラビと判断できます。④のマークはワラビの芽生えている様子です。よって答えは7の④ワラビです。

問3　ヒントからイネとすぐに判断できます。①のマークは稲穂を表しています。よって答えは1の①イネです。

問4　竹皮は、天然の抗菌性と通気性に優れ、時間が経っても中身が蒸れずに美味しく食べられると、古くからおにぎりや牛肉などの包装材として重宝されてきました。現在は少なくなりましたが、時折見かけます。⑤のマークはササの葉を図案化したものです。よって答えは4の⑤ササです。

ちなみに、タケとササは同じイネ科の植物ですが、違いもあります。

・竹のほうが笹よりも大きい傾向にある
・竹の茎は成長とともに剥がれるが、笹はいつまでもくっついている

・竹の葉脈は格子型、笹の葉脈は横に並行

問5 「春の七草」は有名ですが、「秋の七草」もあります。「春の七草」は食用になりますが、「秋の七草」は食用になりません。

選択肢のうち、秋の七草に該当するのは3と6のキキョウ。うち、マークは③に近いので、答えは6になります。

春の七草	せり	なずな	ごぎょう	はこべら	ほとけのざ	すずな	すずしろ
秋の七草	はぎ	くず	おばな	ききょう	なでしこ	おみなえし	ふじばかま

答え

問1 4
問2 7
問3 1
問4 4
問5 6

 身につく力

現物の画像ではなく、家紋で想像させる工夫がおもしろい問題です。

1964年の東京オリンピックのときに、いろんなピクトグラム（絵文字・絵単語）が生まれましたが、大きな影響を与えたといわれるのが日本古来の「家紋」です。「この紋どころが目に入らぬか！」でおなじみの家紋です。

植物の花や葉の色・形は、小さいころから外で遊んでいた人で

あれば自然と知識として身についていたかもしれませんが、そうでない方には厳しいかもしれません。元々学校でも習うようなことではないので、いかにふだんから身近な植物に興味を持っているか、試されている問題ともいえます。

　ビジネスの現場でも、周りの人の変化に気を配れるような人であれば信頼を集めやすいもの。ぜひこの問題を気に、電車でもスマートフォンばかり見るのではなく、広告や電車に乗っている人を観察してみるなど、視野を広げるトレーニングを積むといいでしょう。

問題02　[2017 高槻中学校]

★★★☆☆

次の文を読んで、以下の問いに答えなさい。

昨年、大阪では8月の猛暑日は、記録が残る1883年以降で最多でした。そのように気温の高い日は、室温もぐんぐん上がるので、つい冷房を入れっぱなしにしがちです。冷房による電力の消費をおさえるのに効果があるのが、植物を利用した「グリーンカーテン」です。

グリーンカーテンは、家の窓ぎわで植物をカーテンのように育てて日光をさえぎったり、やわらげることで、室温の上昇をおさえます。そして、植物の間を通りぬける風が冷やされることで、家の中を快適にします。

問1　猛暑日は、最高気温が何℃以上の日ですか。
問2　グリーンカーテンをつくるのに適しているのは、他のものにからみついて上に登っていく植物です。このような植物を○○植物といいます。○○に入る2文字を答えなさい。
問3　グリーンカーテンをつくるのに適した植物は、何を求めて上に登っていくのですか。

 ヒント

他のものにからみついて成長するような植物の名称とそのような植物の特性が理解できていれば解答ができます。近年、中学入試で多く見られるエコや温暖化に関する問題です。

解き方

問1 夏日・真夏日・猛暑日・熱帯夜には、それぞれ気温の定義があります。夏日、真夏日、猛暑日は一日の最高気温によって、熱帯夜は一日の最低気温によって決められています。梅雨が明けて太平洋高気圧が日本付近を広く覆うと、夏の暑い晴天が続きます。7月下旬から8月中旬が最も暑い時期となります。

　夏日　…最高気温 25℃以上の日
　真夏日…最高気温 30℃以上の日
　猛暑日…最高気温 35℃以上の日
　熱帯夜…最低気温 25℃以上の日

　一方、冬日は最低気温によって、真冬日は最高気温によって決められています。冬型の気圧配置となり、日本付近に寒気が南下したときや、移動性高気圧に覆われ放射冷却が強まると、厳しい寒さとなります。1月下旬から2月上旬あたりが寒さのピークとなります。

　冬日　…最低気温が 0℃未満の日
　真冬日…最高気温が 0℃未満の日

問2 自分ではあまり立ち上がらず、他のものに巻き付いたり寄りかかったり、地を這ったりする植物の総称を「つる植物」といいます。これらはマメ科、バラ科、ブドウ科、ヒルガオ科、ウリ科に多く見られます。

　植物が大きく成長する理由の一つに、背を高く伸ばし葉をたくさん大きく広げることでより多くの光を受け、光合成を活発に行えるようにすることが挙げられます。つる植物は自立するための丈夫で硬い茎や幹などの組織作りに力を費やすことなく、成長エネルギーの多くを、つるを伸ばし、葉を広げることに使えますので、他の植物に比べて成長が早いのが特徴です。

　また、つる植物が薮を作ることで、小動物たちが隠れられる場

所やすみ家も増えますので、適度なつる植物の繁茂は、生物の多様性にも役立っています。

問3　つる植物は葉を大きく広げ、多くの日光を吸収して光合成します。この場合、つる植物の求めるものが上にあるので、植物に必要なもので、なおかつ上にあるものを考えます。

答え

問1　35℃（以上）
問2　つる
問3　日光

 身につく力

　中学入試ではありますが、一般常識レベルの問題といっていいでしょう。日常生活の会話の中で、何気なく折り込まれていてもおかしくない話題です。
　緑や自然の少なくなった現代では、実物を見ながら時を過ごすことは難しくなっていますが、テレビや書籍などを通じて、家族との会話の時間を増やすことも一考してみましょう。昔から「花鳥風月」というのは、生活に密着しているものです。

問題03　[2018 麻布中学校]

沖縄本島の北部には、ヤンバルクイナという飛べない鳥がすんでいます。つばさが小さくて飛べないかわりに森の中を活発に歩き回ります。水あびをすることはありますが、水中で食べ物を取ることが得意なわけではありません。

ヤンバルクイナ

ヤンバルクイナの胃の中を調べてみると、いろいろなものを食べていることがわかりました。胃の中にはカタツムリ、ヤモリ、トカゲ、カエル、バッタ、アリなどの動物やクワズイモ、ヤマモモ、イヌビワなどの植物の実、そして小石が入っていました。その中でよく食べられているものがカタツムリです。胃の中のカタツムリを調べてみると、大きなカタツムリは殻がついたまま胃に入っていました。

ヤンバルクイナの行動を観察していると、カタツムリの殻のあいている部分をくちばしではさんで、石にたたきつけて割っていることがわかりました。そのため、ヤンバルクイナのすんでいる地域には、たくさんのカタツムリの殻が落ちていて、その多くには殻のあいている部分の反対側に穴がありました。また、ヤンバルクイナが小石を積極的に食べているようすも観察することができました。

ヤンバルクイナのフンを調べてみると、消化できなかった植物の実の皮や種と、小石などが入っていましたが、カタツムリの体や殻はほとんど入っていませんでした。

ヤンバルクイナがすむ沖縄本島では、もともと島にいなかったマングースが外国から持ちこまれ、放されました。それは毒

ヘビを駆除するためでした。ところがあまり毒ヘビを食べずに、飛べない鳥であるヤンバルクイナを食べてしまいました。沖縄本島北部にしかいないヤンバルクイナは、のらネコなどにも食べられて一時期700羽程度までに減ってしまいました。現在は1500羽程度まで増えてきましたが、道路で車にひかれてしまうヤンバルクイナもいるため、現在も数を増やすために様々な保護活動がなされています。

問　ヤンバルクイナが食べているものと、フンとして出ているものから考えられることとして正しいものを、次のア〜ケから3つ選び、記号で答えなさい。

ア　カタツムリは殻も含めて消化され栄養になる。
イ　植物の実はすべて消化されて栄養になる。
ウ　小石は消化されて栄養になる。
エ　小石は消化されないが栄養になる。
オ　小石は栄養にならないが、他の食べ物を消化しやすいようにしている。
カ　小石は栄養になり、他の食べ物を消化しやすいようにしている。
キ　ヤンバルクイナは栄養になるものしか食べない。
ク　ヤンバルクイナは栄養にならないものも食べる。
ケ　ヤンバルクイナは栄養にならないものしか食べない。

ヒント

沖縄本島に住むヤンバルクイナの食性に関する問題です。食性に関する記述の箇所を見つけ、丁寧に読んでいけば、正解を確実に導き出すことができます。

解き方

問題文中の食性に関する記述の箇所をピックアップしましょう。

- 胃の中にはカタツムリ、ヤモリ、トカゲ、カエル、バッタ、アリなどの動物、クワズイモ、ヤマモモ、イヌビワなどの植物の実、そして小石が入っていました。
- 胃の中のカタツムリは、大きなカタツムリは殻がなくやわらかい部分だけが入っていて、小さなカタツムリは殻がついたまま胃に入っていました。
- ヤンバルクイナが小石を積極的に食べているようすも観察できました。
- フンの中には消化できなかった植物の実の皮や種と、小石などが入っていましたが、カタツムリの体や殻はほとんど入っていませんでした。

上記のことから、選択肢を1つずつ検証していきましょう。

ア．カタツムリは殻も含めて消化され栄養になる。
→胃の中の時点では殻が入っていますが、フンの中に殻はほとんど入っていないので、胃で消化されて栄養となっていることが判断できます。

イ．植物の実はすべて消化され栄養になる。
→フンの中に消化できなかった植物の実の皮や種が入っているので、すべて消化されません。

ウ．小石は消化されて栄養になる。
→常識的に判断します。小石は消化液では通常消化できません。また、小石には栄養素は含まれていません。

エ．小石は消化されないが栄養となる。
→前半は正しいですが、後半が誤っています。

オ．小石は栄養にならないが、他の食べ物を消化しやすいようにしている。

→ヤンバルクイナが積極的に小石を食べるのは、飲み込んだ小石を用いて食べ物をすりつぶし、消化しやすくすることが目的です。

カ．小石は栄養になり、他の食べ物を消化しやすいようにしている。

→後半は正しいですが、前半が誤りです。

キ．ヤンバルクイナは栄養になるものしか食べない。

→小石を食べています。

ク．ヤンバルクイナは栄養にならないものも食べる。

→正しいです。

ケ．ヤンバルクイナは栄養にならないものしか食べない。

→栄養にならないものしか食べなければ生存できません。常識的に判断し誤っていると判断できます。

従って、正解はアとオとクになります。

答え

ア、オ、ク

 身につく力

文章（設問文）の中にヒント（ほぼ答え）はあるというのが、入試問題の鉄則ともいえます。ビジネスにおいても、案内文、通達文、企画書等々、何かを伝える目的の文章の中には、発信者が読者に受け取ってもらいたいことが必ず書かれています。単純なものであろうと複雑なものであろうと、思考順路は同じです。

まず、与えられた情報の整理をきちんと行うこと。これがきちんとできないと、入試でいえば、問との照合に手間取ります。

ビジネスでいえば、仕事に支障を来すことになります。文章題の出題目的は「情報整理能力」を量ることにあるといえますから、大人でもいい訓練素材となります。

[2018 早稲田中学校]

★★☆☆☆

　ミズナギドリという海鳥がすむニュージーランドのある島には、もともとネコがいなかった。そこへ人間がこの島では外来生物であるネコを持ち込んだことで、ミズナギドリ（ヒナも含め）がネコに食べられて、その数が減った。ミズナギドリを守るためネコをつかまえたところ、ネコがいなくなった島ではミズナギドリの数がさらに減ってしまった。その原因は、船の荷物などにまぎれて島に入って来ていた別の外来生物であるネズミであった。ネズミは、この島の生態系の食物連鎖で、ネコとミズナギドリとはどのような関係にあったと考えられるか。次の食物連鎖を示す図の中でもっともふさわしいものを選び、記号で答えよ。ただし、矢印の先が「食うもの」を、矢印のもとが「食われるもの」を示すものとする。

第4章 情報を整理して答えを導き出す

ヒント

食物連鎖に関する問題です。問題では、ミズナギドリ（トリ）とネコとネズミの食う・食われるの関係をしっかりととらえることができるかがカギです。トリとネコ、トリとネズミ、ネコとネズミの3つの組み合わせのそれぞれの関係がわかれば、正解を導き出せます。

解き方

わかりやすく、それぞれの選択肢の関係を表にして考えます。

	ア	イ	ウ	エ	オ
トリとネコ	ネコ→食う トリ→食われる	ネコ→食う トリ→食われる	ネコ→食う トリ→食われる	ネコ→食う トリ→食われる	ネコ→食う トリ→食われる
トリとネズミ	関係なし	関係なし	トリ→食う ネズミ→食われる	トリ→食う ネズミ→食われる	トリ→食われる ネズミ→食う
ネコとネズミ	ネコ→食われる ネズミ→食う	ネコ→食う ネズミ→食われる	関係なし	ネコ→食う ネズミ→食われる	ネコ→食う ネズミ→食われる

設問の文中に「ミズナギドリ（ヒナも含め）がネコに食べられて…」とあるので、トリ（食われる）→ネコ（食う）の関係が理解できます。トリとネズミ、ネコとネズミの関係を考えます。本文中に、「ネコがいなくなった島ではミズナギドリの数がさらに減ってしまった。その原因は…ネズミであった」の記述に着目します。

この記述からわかることは、ネコを駆除したことでネズミの数が増えたこと。つまりネコとネズミには、ネズミ（食われる）→ネコ（食う）の関係があると判断できます。

また、ネズミとトリの間が無関係もしくはトリ（食う）→ネズミ（食われる）の関係であったら、ネズミの数が増えれば、トリの数が増えることはあっても減ることは考えられません。従って、トリ（食われる）→ネズミ（食う）の関係があると判断できます。上記のことから、答えはオと選択できます。

答え

オ

 身につく力

「文章を読む力」「読み取る力」は、思考力の基礎講座のようなもの。「何が書かれてあるか」「筆者の伝えたいことは何か」「論点・論拠は何か」「どんな情報が記されているか」「どんな情報を想像しなければならないか」など、思考を整理する作業をきちんと行うことができる力になります。

上記の問題では、設問文の中に答えとなる文章がありますから、それらを見逃すことなく整理できるかどうかだけです。

ビジネスシーンでも、単純な話を曲解したり、あわてて解釈したりすると、大きな問題に発展することがあります。落ち着いて人の話を聴く→理解する→次の行動に移すということは、基本といえるでしょう。

問題 05　[2018 浦和明の星女子中学校]

★★☆☆☆

　Aさんは、いつも食べている白米をプランターにまきました。しかし、いつまで待っても発芽しませんでした。そこで、イネの種子（図1）について調べたところ、2つのことがわかりました。次の各問いに答えなさい。

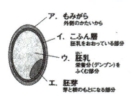

図1

[わかったこと]
1. 私がいつも食べている白米は、イネの種子を脱穀（稲穂から種子をとり外すこと）・もみすり（種子からもみがらをとり外すこと）・精米（こふん層と胚芽をとり外すこと）したものであること。
2. あるイネの種子は、十分吸水させたあと、湿らせた脱脂綿の上に置いて、32℃の温度に保つと、2日後に発芽すること。

問1 精米ができる操作はどれですか。もっとも適当なものを選び、**ア〜カ**で答えなさい。

ア．わら束を回しながら、木づちでたたく。

イ．鉄製の大きいくしに稲穂を入れ、ひっぱる。

ウ．すりばちにイネの種子を入れ、ゴム製のボールでする。

エ．びんに玄米を入れ、棒で何度も突く。

オ．割りばしの間に稲穂をはさみ、ひっぱる。

カ．玄米をフライパンの上にのせ、炒る。

問2 下線部について、白米は図1のどの部分ですか。過不足なく選び、**ア〜エ**で答えなさい。

ヒント

精米の作業と白米の状態を選ばせる問題で、種子の構造に関する知識を問うものです。問題文中のヒントから、精米するという作業が、イネの種子（米）をどのような状態にするかを理解できれば、解答が導き出せます。

解き方

問1 問題文の中に精米に関するヒントがあります。精米は、「こふん層と胚芽を取り外すこと」とあります。要するに、種子を包んでいるもみがらと呼ばれる固い外皮を取った後で、さらにこふん層とよばれる薄皮をはぐ作業です。

わかりやすいたとえでいうと、甘栗の外側の殻を剥いた後、実をつつんでいる薄い膜をきれいに剥いで、つるつるの状態にすることだと考えれば理解しやすいと思います。従って、この作業を行っていそうなイラストを選ぶ必要があります。

アはワラ叩きです。ワラを細工しやすいよう柔らかくするためと、ワラの繊維の緻密性と弾力性を増加させるために行います。木製の「横槌(よこづち)」で、穂先まで全体に叩く作業ですので、イネの種子自体がなく、不正解です。イとオは脱穀の作業です。これも不正解です。ウはもみすりです。こうすると、もみがらと玄米（もみがらだけを取り除いた状態のもの）に分離ができます。これも精米ではないので不正解です。カは炒り玄米をつくる様子です。火を通している時点で精米ではありません。エは瓶搗(びんづ)き精米です。酒瓶などに玄米を入れて棒で突くと、摩擦によって表面のぬかがこそげて精米されます。機械を使わず手近な道具が使えるので、家庭向けの小規模な精米方法として知られています。答えはエです。

問2 白米の部分を選ぶ問題です。

白米は玄米を精米したものです。もっと詳しくいうと、玄米から糠と胚芽を取り除き、胚乳のみにしたお米が白米になります。従って答えはウです。

答え

問1　エ
問2　ウ

 身につく力

　お米という、身近な題材を扱った問題です。それだけに、大人にとっては、"常識度"の高まった問題といえます。白米は食べるもので、じっくり観察するものではない……と思うかもしれませんが、知的好奇心というのは、日常生活の中にも溢れているということを再認識しましょう。

　今回も、まず条件の文章をしっかりと読み、図説をきちんと理解することです。稲穂から白米までの過程が説明されているのでそれを読むことができれば、想像して答えることができるはずです。

[2018 東海中学校]

体のつくりとそのはたらき（呼吸・不要なもののはい出・消化・呼吸）について学習した小学生のM君は、血液と臓器の関係を下記の図1のようにノートにまとめました。1年後、ノートを見直すと、すべて同じ矢印で書いたため、どの矢印が何を意味しているかが分からなくなってしまいました。そこで、もう一度、知識を整理するために図1の矢印に番号をつけました。

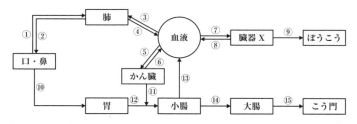

図1

問1 図1の臓器Xは何ですか。

問2 図1の臓器Xについて説明した文として、誤っているものをすべて選び、記号で答えなさい。

ア 尿をつくる。　**イ** 体の背中側にある。　**ウ** 尿をためておくことができる。

問3 図1の①〜⑮のうち、気体の移動を示している矢印を2つ選び、番号で答えなさい。

問4 図1の①〜⑮のうち、栄養の吸収を示している矢印を1つ選び、番号で答えなさい。

問5 吸収した栄養の多くは、ある臓器を通り、そこでたくわえられます。この臓器は何ですか。

問6 血液はいろいろな役割をもっています。M君がまとめたこの図からわかる血液の役割を簡単に答えなさい。

第 4 章

情報を整理して
答えを導き出す

ヒント

人体のはたらきについて考える問題です。図を見ながらそれぞれの臓器のはたらきを考え、整理する必要があります。

解き方

問1 臓器Xは、ぼうこうと直接つながっており、かつ臓器Xからぼうこうへの一方通行となっています。よって、これは尿の移動を表していることがわかります。したがって、腎臓が正答となります。

問2 まずは、腎臓の役割を考えましょう。腎臓にはいろいろな役割がありますが、代表的なものは「血液から尿を作る」ですので、アは正しい選択肢です。次に、腎臓の位置について考えましょう。腎臓は腰のあたりの背中側にあります。よって、イも正しい選択肢です。そして、尿をためておくことができるのはぼうこうであり、腎臓は尿をためておくことができません。したがって、ウのみが誤った選択肢です。

問3 気体が移動できるのは、口や鼻から肺につながるルートなので、そのような矢印を探すと、①と②の矢印が該当します。したがって、①と②が正答となります。

問4 栄養の吸収は小腸で行われます。小腸で吸収された栄養は血液に入ります。そのような矢印を探すと、⑬の矢印が該当します。したがって、⑬が正答となります。

問5 吸収した栄養をたくわえるのはかん臓の役割です。したがって、かん臓が正答となります。

問6 まずは、それぞれの矢印が示すものを整理しましょう。①、②は、先述の通り気体の移動を示しています。⑨は、腎臓からぼうこうにつながっているので、尿の移動を示しています。⑩、⑫〜⑮は、口→胃→小腸→大腸→こう門とつながっているので、消

化、吸収、不要なもののはい出の動きを示しています。⑪は、かん臓から胃と小腸の間（十二指腸）につながっているので、胆汁の移動を示しています。残る③〜⑧が、血液の移動を示しています。

次に、血液の移動を示す矢印がどこにつながっているかを考えましょう。③、④では、肺とつながっているので、呼吸によって取り込んだ酸素と、体内にある二酸化炭素などを肺に運ぶ役割があるとわかります。また⑤、⑥では、かん臓とつながっているので、小腸で吸収された栄養と、かん臓から出る老廃物などを運ぶ役割があるとわかります。そして、⑦では、腎臓とつながっているので、老廃物を腎臓に運ぶ役割があり、腎臓によって老廃物がこしとられ、きれいになった血液の動きが⑧になります。

以上がこの図からわかる血液の役割です。簡単にまとめると、「酸素や二酸化炭素、栄養、老廃物を運ぶ役割を持っている」となります。

答え

問1 腎臓

問2 ウ

問3 ①と②

問4 ⑬

問5 かん臓（肝臓）

問6 酸素や二酸化炭素、栄養、老廃物を運ぶ役割を持っている

 身につく力

　人体の働きについての基本的な知識を問う問題です。どれだけ答えられたでしょうか。フローチャートの形をとっており、解く人にとって思考の整理がしやすくなっています。

　ちなみにフローチャートは生産・管理・流通などはもちろん、ほぼすべての業務において使われ、理解を促すツールです。「流れ」や「手順」に関して理解を促すもので、特にプレゼンテーションでは最適です。物事と物事がどうつながっているのかわからなくなったときは、自分で書いて考えをまとめてみるのも一つの方法です。

問題 07 ［2018 渋谷教育学園渋谷中学校・改編］

★★★☆☆

次の文を読み、問いに答えなさい。

S先生　ここに体重計があります。M君、この上にのってください。

M君　　45kg です。

S先生　M君が体重計の上で素早くしゃがむ動作をした瞬間（図4－1から図4－2）、体重計の目盛りはどうなると思いますか？　ヒントを与えておきましょう。体重計が何をはかっているのかを考えることです。

M君　　しゃがむんですよね？

S先生　では、確かめてみてください。

M君　　あっ！…

図4-1　　　　　図4-2

問　下線部について、下記から1つ選びなさい。
45kg より小さな値を示す・45kg のまま・45kg より大きな値を示す

ヒント

本来高校物理レベルの問題を小学生が解きやすいようにしてあります。ポイントは、素早くしゃがむ動作をした瞬間の体重計の目盛りの動きであって、力は必ず「作用」「反作用」の2つの力の組み合わせで現れるという点です。

解き方

まずはM君の重心の動きを追いましょう（大切なのは、速さではなく加速度です）。

（1）一瞬、下向きに加速する
（2）その後、動きを止めるために、上向きに加速（または減速）するという動きになります。
体重計が（体重に加えて）下向きに受ける力をNとすると、人には、その反対の力として上向きの力Nが加わります。

（1）しゃがみ始めたときには、人には下向きの加速度が加わりますので、このときN＜0です。体重計の読みは減ります。
（2）しゃがむのをやめたときには、人には上向きの加速度が加わりますので、このときN＞0です。体重計の読みは増えます。

体重計の読みの変化をまとめると、
→体重計の読みが一瞬減る
→体重計の読みが一瞬増えて、元に戻ります。

答え

45kgより小さな値を示す

 ## 身につく力

一見簡単そうですが、内容としては上級です。実はこの問題は、大問のうちの4問目でした。編集上割愛していますが、この問題に至るまでのS先生とM君のやりとりから、作用・反作用につい

ての理解と思考が深まれば、スムーズに答えにたどり着くはずです。

　難しいテーマでも、一つひとつ順を追って解答を導き出すことで、思考を整理し、本質を理解することができます。

問題08　[2018 愛光中学校]

★★★★☆

　長さ40cmで重さ0.5kgの棒1、長さ20cmで重さ1kgの棒2、長さ50cmで重さがわからない棒3がある。これらの棒はそれぞれの端どうしをつなぐことができる。下の問いに答えなさい。ただし、棒1、棒2、棒3の重さはそれぞれの真ん中にあると考えることができる。

　棒1の右に棒2をつないだ。この棒をAとする。

問1　図1のように、棒Aを水平に保つためには、支点を棒Aの左端から何cmのところにすればよいか。

問2　図2のように、支点を棒Aの真ん中にし、左端におもりをつるして棒Aを水平に保つためには、何kgのおもりをつるせばよいか。

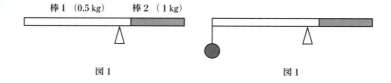

図1　　　　　　　　　　　　　　図1

ヒント

てこの原理に関する問題です。棒に重さがない場合、「支点からおもりまでの距離の値×おもりの重さの値」が、「左回りにかかる力」と「右回りにかかる力」の間でつり合うよう、支点を中心に考えていきます。

解き方

問1 棒の重さは、「棒の真ん中」にあります。このとき、棒の真ん中に、棒の重さと同じ重さのおもりがつるしてあると考えます。つまり、棒1の真ん中、40 ÷ 2 = 20（cm）のところに棒1の重さと同じ 0.5kg のおもりが、棒2の真ん中、20 ÷ 2 = 10（cm）のところに棒2の重さと同じ 1kg のおもりがつるされていると考えます。

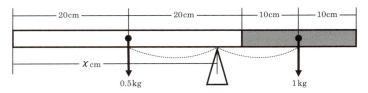

図のてこでは、「左回りにかかる力」は、「（棒1の重さ）×（支点から棒1の重さがかかる点までの距離）」、「右回りにかかる力」は、「（棒2の重さ）×（支点から棒2の重さがかかる点までの距離）」となってつり合っています。支点が棒Aの左端から xcm のところにあるとすると、計算式は次のようになります。

0.5 ×（x − 20）= 1 ×｛(60 − x) − 10｝
　　　 0.5x − 10 = 50 − x
　　　　　 1.5x = 60
　　　　　　　x = 40（cm）

問2 それぞれの棒の真ん中にある棒の重さと、棒Aの左端につるされたおもりがつり合うようにします。

支点は棒Aの真ん中にあるため、棒Aの左端から、(40 + 20) ÷ 2 = 30（cm）のところにあることがわかります。

つまり、棒1の重さがある棒1の中心から右に 10cm、棒2の重さがある棒2の中心から左に 20cm、それぞれ離れています。

重さのわからないおもりと、棒1の重さは、支点の左側にある

ため、「左回りにかかる力」です。また、棒2の重さは支点の右側にあるため、「右回りにかかる力」です。おもりの重さを xg として式を立てると、次のようになります。

x × 30 + 0.5 × 10 = 1 × 20
　　　　　　　30x = 15
　　　　　　　　x = 0.5（kg）

答え

問1　40（cm）
問2　0.5（kg）

 身につく力

　一見複雑そうな問題でも、落ち着いてしっかりと論拠を積み上げていけば、正解にたどり着きます。論理的思考の練習問題ともいえるでしょう。
　試験だけでなく、仕事での折衝やプレゼンテーションにおいても、テーマに沿った話を一貫して行うには、軸（幹）をぶれさせないこと、論拠を明確にすること、慌てないこと。これらを基本事項として身につけていきたいですね。

第 5 章

情報を分析して解答を絞り込む

prologue

資料を分析するときは
主観をはさまず、客観的な視点を
持つことが何より大切

　いよいよ最終章の5章まできました。この章では、資料を読み取り、答えを導き出すタイプの問題をご用意しました。問題01にもあるように、それぞれの会話を参考に答えを導き出したり、問題02のように、書いてある情報の中から正しいものを選ぶ、といったことは、ビジネスシーンでも日常茶飯事だと思います。あるいは問題09にあるような計画を考えるということは、何も仕事にかぎらず、プライベートでも日常的に行なっていることと思います。

　大切なのは、勝手に自分で判断するのではなく、客観的な視点を持つということ。ここに掲載している問題を解くことで、自分がきちんとそうした視点を持っているかどうかが明るみになるでしょう。まずは解いてみて、ご自分の現状を把握してもらいたいと思います。その後答え合わせをして、なぜ自分はその答えにたどりつけなかったのかがわかると、より問題が楽しく感じられると思います。ぜひ試してみてください。

[2018 京都市立西京高等学校附属中学校・改編]

★★★☆☆

太郎さん、花子さん、次郎さん、京子さん、三郎さんの5人は、円と正方形のハンコを使って絵を描きました。それらの絵が下の図のように、上段に3枚、下段に2枚展示され、太郎さんの絵は上段の左の位置にあるネコの絵です。下段は人に隠れて見えません。次の5人の会話を参考に、あとの問いに答えなさい。

太郎　ぼくの絵の真下にあるワニの絵、かわいいな。
花子　乗り物の絵は私と三郎さんだけね。
次郎　飛行機の絵、ぼくの絵よりも上手だなぁ。
京子　私の絵も太郎さんの絵もどちらも動物の絵ね。
三郎　京子さんの隣に展示されているから、恥ずかしいな。

問1　三郎さんの絵は何か答えなさい。
問2　花子さんの絵の位置として適するものを次の（ア）～（オ）から一つ選び、記号で答えなさい。
（ア）上段の左　　（イ）上段の中央　　（ウ）上段の右
（エ）下段の左　　（オ）下段の右

ヒント

消去法を用いて考えてみましょう。実際に図などを作ってみると、頭の中が整理しやすくなります。

解き方

　まずは、隠れて見えない下段の 2 枚の絵が何の絵なのかを把握しましょう。太郎さんの発言から、ネコの絵の下にあるのはワニの絵、次郎さんの発言から、もう 1 枚は飛行機の絵とわかるので、隠れている絵はワニの絵と飛行機の絵で、ワニの絵が下段左、飛行機の絵がその隣にあります。以上をまとめると、図 1 のようになります。

図 1

ネコ（太郎）	汽車	ぶどう
ワニ	飛行機	

　次に、それぞれの絵を誰が描いたのかを把握しましょう。花子さんの発言から、次郎さんと京子さんは乗り物の絵を描いていないことがわかるので、次郎さん、京子さんはぶどうかワニの絵を描いたことになります。また、京子さんの発言から、京子さんは動物の絵を描いたとわかりますが、ネコの絵は太郎さんが描いたということが既にわかっているので、京子さんはワニの絵を描いたことになり、次郎さんはぶどうの絵を描いたことがわかります。ここまでまとめると、図 2 のようになります。

図 2

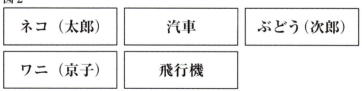

　さらに、三郎さんの発言から、京子さんのワニの絵の隣にある飛行機の絵は三郎さんが描いた絵とわかります。よって、残る汽

車の絵は、花子さんが描いた絵となります。そして、これらは花子さんの発言と矛盾しません。

つまり、絵の配置および作者は図3のようになります。

図3

ネコ（太郎）	汽車（花子）	ぶどう（次郎）
ワニ（京子）	飛行機（三郎）	

答え

問1　飛行機
問2　（イ）

身につく力

「情報整理」「条件整理」の能力は、コミュニケーション能力の基本的な力といえます。趣味の読書なら自分勝手な解釈でも許されますが、ビジネスでは、相手の話の内容を正確につかむこと、さらにその中の「言外」にあるものを的確につかむことが求められます。

そのような情報の整理、思考の整理といった機能をより活発に、より高度に育てようと取り組む学校が増えています。そのため、上記のような入試問題も今後ますます増えていくと見られています。思考の整理ができるということは、それだけ社会人に欠かせない能力といえるでしょう。

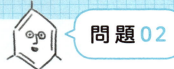

[2012 千代田区立九段中等教育学校・改編]

「クロアシアホウドリ」について図鑑で調べると、[資料1] のように書いてありました。

[資料1] クロアシアホウドリ

> 全身がすすけた黒色の羽毛でおおわれていて、足も黒い。
> 嘴(くちばし)は黒色で、根元の部分だけ白い。
> 目の下が白い。
> 翼の上面も黒色で*初列風切(しょれつかざきり)の*羽軸(うじく)が白い。
> 小笠原諸島などで繁殖し、太平洋上を飛び回っている。
> 北海道や小笠原へ行く船上から見られる。

*初列風切：翼の一部分 [図1]
*羽軸：羽の一部分 [図2]

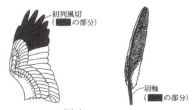

[図1] 翼の部位の名称(めいしょう)　　[図2] 羽の部位の名称

問　[資料1] を参考に、「クロアシアホウドリ」の写真を次の**ア～オ**から1つ選び、記号を書きなさい。

（『日本の野鳥590』写真：真木広造　平凡社より）

ヒント

鳥の種類に関しての問題ですが、資料をしっかり読み、ヒントとなる体の特徴に該当するものを推測できれば、鳥の知識がなくても正解にたどり着けます。資料分析力が試される問題です。

解き方

「クロアシアホウドリ」の特徴に関して述べている資料2の中から、ヒントとなる部分をピックアップします。

① 全身がすすけた黒色の羽毛で覆われていて、足も黒い。
② 嘴は黒色で、根本の部分だけ白い。
③ 目の下が白い。
④ 翼の上面が黒色で、初列風切の羽軸が白い。
→翼の先が白い筋のようになって見える(扇子にたとえると、骨の部分が白くなっている)。

上記の記述を参照に、ア〜オのそれぞれの写真を検証します。

アは嘴が白っぽく、②の内容に反するため不正解です。

イは嘴の先端以外は白く見え、初列風切も白くなっていません。②と④に反するため不正解です。

エは全体的に、オも頭部と下半身が白く、①の内容に反するため、不正解です。

よって答えはウとなります。

答え

ウ

クロアシアホウドリを知らなくても答えられる問題です。ただし正解にたどり着くためには、基本的な条件整理をする力が必要です。これはビジネスパーソン必須の力といえるでしょう。しかも、自分勝手な整理ではなく、「条件に一致するものと適合させる」という行動につなげなければなりませんから、発信者の意図

を汲み取ったうえで検証することが大事です。その部分の意識が低いと、簡単な入試問題でも正解できません。

　不正解だった方はもう一度やり直し、丁寧に出題者の意図を読み取るようにしましょう。

[2018 筑波大学附属中学校]

けんとさんは、なぜ長野県でレタスなどの高原野菜の生産がさかんになったのか、後の資料1、資料2を用いて調べ、次の図のようにまとめました。図中の空らんA〜Dにそれぞれ最もよくあてはまるものを、下のア〜オの中から選びなさい。

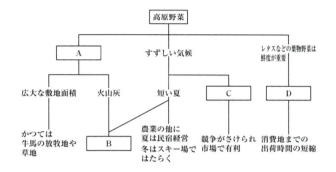

ア 高原野菜の産地は火山のふもとに集中している
イ 高速道路が整備され、消費地への輸送の便がいい
ウ 葉がしっかりして日持ちするレタスが生産できる
エ 自然条件から他の作物を栽培して出荷することが難しい
オ 他の産地と出荷の時期をずらすことができる

[資料1] 東京市場における産地別レタス出荷量

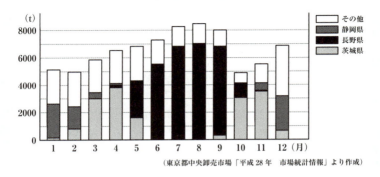

(東京都中央卸売市場「平成28年 市場統計情報」より作成)

[資料2] 高原野菜の産地とおもな火山

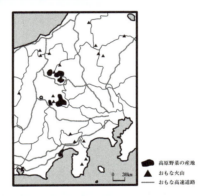

● 高原野菜の産地
▲ おもな火山
── おもな高速道路

ヒント

分布図と統計資料を正確に読み取り、与えられたまとめの空欄に適合する用語を選択する問題です。解答のポイントは、空欄の前後関係の語句です。前後関係をスムーズにつなげるための語句の選択ができれば正解です。

解き方

　長野県では、キャベツやレタスなどの葉物野菜の生産を時期外れに行っています。これを「抑制栽培」といいます。葉物野菜は本来、冬場から春先にかけてが旬で、日差しの緩い季節に栽培することで、柔らかい葉の野菜に仕上げています。本来夏場には市場に出回らないため、品不足となります。長野県の八ヶ岳山麓や群馬県の浅間山山麓では、夏場、標高の高い土地で低い気温と弱い日照を利用して葉物野菜を生産し、市場占有率を高めています。山の中腹の高原地帯で栽培されることから、キャベツやレタス、セロリ、はくさいなどをまとめて高原野菜といいます。

　資料を見ると、実際、6〜9月の市場に出回るレタスの大部分は長野県産が占めていて、逆に本来の旬の時期である冬場の出荷がないことから、抑制栽培が行われていることがわかります。

　また、資料2では、高原野菜の産地が火山の周辺にあり、また付近に高速道があって首都圏とつながっていることがわかります。このことから、この地域は火山灰地であり、稲作に不向きであり、また収穫した野菜を、高速道路を利用して首都圏に輸送していると判断できます。

　これらのことを踏まえ、空欄に入る語句を考えます。空欄の前後にある語句がヒントです。Aの後に、「広大な耕地面積」「火山灰」とありますので、土地に関しての用語であることがわかります。また、Bも同様に前の用語が「火山灰」とあるので、こちらも土地に関する用語であることがわかります。選択肢の中で、土地に関するものは、アとエです。どちらか迷いますが、Bは後に「短い夏」とありますので、土地だけでなく気候とも関連のある用語であることが判断できます。Cは後に「競争がさけられ市場で有利」とありますので、Cに入る用語は、競争が避けられる要因にあたる語句と判断できます。Dは後に「消費地までの出荷時間の短縮」とありますので、輸送に関連した語句を考えます。

答え

A　ア
B　エ
C　オ
D　イ

 身につく力

　題材・テーマともに難解な問題ではありません。空所補充で留意しなければならないのは、「前後（上下）のつながり」です。高原野菜の例でも、産地・栽培・気候・流通など、分野別に項目が挙げられていますから、それぞれの上下のつながりを確認することが大切です。

　思考の整理やコミュニケーションにおいても、重要な部分が"空所"になると、前後のつながりがとぎれ、なかなか目指す着地点には到達しなくなります。

　法則や解き方、解法パターンの知識は、"空所"をつくらない思考整理に適しています。論述するという表現力は、理系脳にも欠かせません。

問題 04 [2018 東邦大学付属東邦中学校]

次の図あ〜うは、うどん・そば・ラーメンにおける食文化の地域性についてあらわすために、都道府県別に 10 万人あたりのそれぞれの店舗数を示したものである。図あ〜うにあてはまる店舗の種類の組み合わせとして正しいものを、あとのア〜カから 1 つ選び、記号で答えなさい。

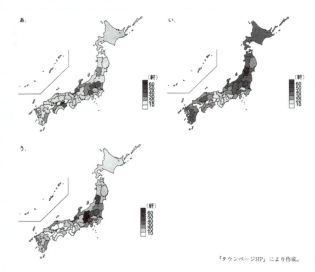

『タウンページHP』により作成。

	ア	イ	ウ	エ	オ	カ
あ	うどん	うどん	そば	そば	ラーメン	ラーメン
い	そば	ラーメン	うどん	ラーメン	うどん	そば
う	ラーメン	そば	ラーメン	うどん	そば	うどん

ヒント

食文化に関する問題で、分布のしかたを考察し、それぞれの分布図の正しい組み合わせを考える問題です。うどん・そば・ラーメンでそれぞれ有名な場所を考えると、解答を絞り込めるはずです。

解き方

　うどん店、そば店、ラーメン店は、いずれも人口の多い首都圏や関西圏に集中しているように思えますが、分布図を見ると、意外に東京や神奈川などの首都圏、大阪や京都などの関西圏の分布が少なくなっています。これは、10万人当たりの店舗数という割合で考えているからです。東京や大阪のように店舗数が多くても、その分人口も多いと、割合としては少なくなります。

　大阪はラーメン店の数は全国8位で、鳥取県は全国最下位ですが、10万人当たりの割合だと29.5と、大阪の13.6より高くなります。そこで、それぞれの食品の地域性から検討します。

【うどん】

　小麦からつくられている。もともと小麦は乾燥した気候を好むことから、雨の少ない地域で栽培されてきた。特に瀬戸内海沿岸の香川県では讃岐うどんが有名。

【そば】

　寒冷でやせた土地でも育つので、かつては米の栽培に向かない地域で栽培が盛んであった。特に福井県の越前そばや長野県の信州そばが有名。

【ラーメン】

　特に戦後に広まった食品で、日本古来の食品ではない。みそ味の北海道の札幌ラーメンやとんこつ味の福岡県の博多ラーメンが有名。

　分布図をしっかりと、特に度数の高くなっている箇所に着目すると、図のあは香川県、いは山形県、うは長野県や福井県が高くなっています。あはうどん店の分布図、いとうは迷いますが、うがラーメン店だと仮定すると、北海道や福岡の度数が少ないので、いがラーメン店、うがそば店と判断できます。

答え

イ

 身につく力

　麺類は、題材としてはポピュラーなので、原材料の産地などの知識があれば答えられます。この問題のポイントは、単純な店舗数ではなく、「10万人あたりの店舗数」で表しているところです。それでも、全国的に多いラーメン店、讃岐うどんで有名な香川県、信州そばの長野県と、一般常識の範疇で答えを想像することもできます。学校で習っていなくても、「これくらいは常識で知っているはず」と判断されるのが社会だということです。中学入試問題としては「やや難」で、やりごたえもあったのではないでしょうか。やはり少し難しいほうが、ふだん眠っている理系脳を鍛えるにはうってつけといえます。

[2018 渋谷教育学園幕張中学校]

★★★★★

図は飛行機が飛ぶしくみを示しています。翼の上下における風（空気）の流れが異なるために、圧力差が生じ飛行機を浮かせる力である揚力が発生しています。近年、日中に高温となるアメリカ合衆国のアリゾナ州や西アジア（中東）、標高の高いラテンアメリカの空港などで、飛行機の離陸や飛行に必要な揚力が十分に得られないために、欠航や大幅遅延、離陸時間の夕方・夜への移行などが起きています。この問題は今後、日本の空港でも起きるのではないかと懸念されています。このように飛行機が十分な揚力を得られないケースが起きている理由を解答用紙のわく内で答えなさい。

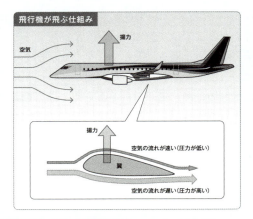

図　飛行機が飛ぶしくみ（三菱重工ホームページより）

 ヒント

気温が上昇することにより、空気がどのような状態に変化するか、それが揚力にどう影響するかを考えて解答を導き出します。

解き方

　飛行機は滑走すると翼の上と下で圧力に差ができ、揚力という浮き上がる力が発生して離陸するのですが、空気が軽く（うすく）なると、密度が下がり、同じ速度で滑走しても揚力が小さくなってしまいます。

　ではなぜ、高温になると飛行機の飛行に影響が出るのでしょうか。

　高温になると空気が膨張し、空気の密度（濃さ）がうすくなります。つまり空気が軽くなります。

　気球を例にとると、気球内部の空気の温度をどんどん上げていくことで、中の空気が外の空気と比べて軽くなるので、気球は浮きます。空気のような気体には、圧力が一定であれば気温の上昇に比例して体積が増加するという性質があります。

　たとえば10℃のときと40℃のときを比較すると、40℃のときのほうが軽くなります。空気が軽い（うすい）とそこに翼をぶつけても、十分な揚力を得ることができなくなります。

　空気が濃い（密度が高い）状態は、簡単にいうとたくさんの粒が詰まった状態のため、翼がそれをとらえて揚力を発生させやすいのですが、空気が薄い（密度が低い）と、粒がすかすかの状態のため、翼が空気をしっかりとらえられず、揚力を発生させにくくなります。

　温暖化の影響で日中の高温状態が続くと、日本でも、海外の空港と同様の事象が発生することが十分考えられます。

答え

気温の上昇により空気が膨張し、空気の密度が低くなることにより、翼を通る空気の量が減り、圧力の差が出にくくなることから揚力をしっかりと出せなくなるから。

身につく力

　難問といえるでしょう。設問文から、「気温の上昇や気圧の低下が空気の膨張をもたらすこと」「空気が膨張すると空気の密度が低くなること」「空気の量が減ると圧力の差が小さくなること」「圧力の差が小さいと揚力が弱まること」を導き出すことができなければ、満足できる解答へは至りません。

　気温、気圧、気体の密度などの現象について、理科や社会で習った"知識"があっても、論拠として挙げていくことができるとは限りません。「日中に高温となるアメリカ合衆国〜」のところで、解答する文章（論述文）の冒頭が「気温の上昇〜」となることが推察できるぐらいの機敏な発想力が必要かもしれません。

　結論から要因を見つける方法もあります。飛行機が十分な揚力を得られないケースは、設問文の2行目にある「圧力差が生じ飛行機を浮かせる力である揚力が発生しています」を、否定文に変換することでわかってきます。つまり、「圧力差が生じないと、飛行機を浮かせる揚力が発生しません」。「圧力差が生じない」あるいは「圧力差が弱まる」原因を探って論述することができます。

　ビジネスシーンでも、分野にかかわらず、必要な知識は覚えるしかありません。そのうえで発揮されるのが発想力や推察力であり、思考を整理・構築・編集・表現する力なのです。

問題06　[2017 東京都立武蔵高等学校附属中学校]

　花子さんと太郎君は時間を計る方法について話し合っています。

花子　昔の人はどうやって時間を計っていたのかしら。

　花子さんと太郎君は、先生に質問しました。

太郎　先生、昔の人はどのようにして1分間や1時間といった時間を計っていたのですか。

先生　昔の人は、太陽、ふり子、ろうそくなどを利用して時間を計っていたと言われています。これらの動きや性質は、時間を計るのに適しているからです。

太郎　そうなのですね。

問　先生が示した「太陽、ふり子、ろうそく」の中から一つを選び、それが時間を計るのに適していると考えられる理由を、その動きや性質にふれて説明しなさい。

ヒント

太陽、ふり子、ろうそくのいずれも時間を計ることはできますが、この問題の条件に「時間を計るのに適しているもの」とあるので、それぞれの特性を考える必要があります。

解き方

それぞれの特性について見ていきましょう。

【太陽】

地球は1日に1回、自転しながら太陽の周りを回っているため、地球上から見ると、太陽が東からのぼり、西に沈むように見えます。つまり太陽は、1日24時間で、地球の周りを1周（360°）するように見えています。これを1時間あたりで計算すると、360°÷ 24（時間）＝ 15°となります。太陽は1時間にみかけ上、15°ずつ動くことになり、太陽によってできる影も同じように動きます。このように太陽のみかけ上の動きで変化する影を使った時計が日時計です。ただし、日時計は大まかな時間の経過やおよその時刻を計ることはできますが、1分間などの正確な時間を計るには不向きです。また、曇天や夜間は使えません。

【ろうそく】

火時計は、火縄、ろうそく、灯油などの燃えた量で時間を測る道具です。日時計、水時計とともに古代から用いられた時計の一つですが、精度が劣るので補助的に使用されました。

ろうそくの場合、ろうそくに一定の目盛りなどを書いたり刻んだりすることで、一定の時間の経過やおよその時刻を知ることはできますが、太陽と同じく、正確な時間を知るのは不向きです。また、用いる場所の環境条件により燃焼速度に変化が生じたり、途中で火が消えたりするなどの不測の事態も考えられます。

【ふり子】

ふり子の長さが同じならば、ふり子の振れ幅やおもりの重さに関係なく、ふり子が一往復する時間は同じであるという性質があります。また、ふり子の長さが短くなれば、一往復する時間は短くなります。ただ、空気抵抗を無視できるなら、常にふり子は同

じ高さまで上がりますが、現実世界で実験する場合、時間とともに振幅が小さくなり、やがて止まってしまうという難点があります。従って、長時間にわたって一定時間を計測することはできません。しかし、短い時間の中で1分間などの時間を正確に測るという点では、三者の中では最も適しています。

答え

ふり子／短時間であれば、同じ長さのふり子が一往復にかかる時間は一定であるので、その動きを利用して、一定の時間の長さを計るのに適しているから。

 身につく力

　時刻と時間の違いを正確に理解しておく必要があります。「時刻：時間の瞬間、1点を示したもの」「時間：時刻のある点からある点まで長さを示したもの」です。また太陽、ろうそく、ふり子のそれぞれの特性がわかっていれば、難しくはありません。それぞれの特性がわかっていない場合は、1分や1時間という長さの時間を計るときのデメリットを想像しなくてはなりません。持てる知識や経験則をフル活用して考えましょう。

　データがあってそれに則して考えることはAIが引き受けます。一方、人間は、何もなくても"想像力"を働かせることができるのです。もちろん、こういった問題では、想像力を文章表現力につなげる必要はありますが、まずは想像力を働かせて問題を解く楽しさを感じてもらいたいと思います。

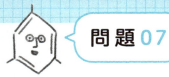

問題 07 [2017 千代田区立九段中等教育学校]

さくらさんとお父さんが会話しています。

さくら　　今日、学校の授業で新聞紙を水に溶かして紙をつくってみたら、うまくできました。

父　　　　それはよかったですね。ところで、さくらはどういうときに紙をよく使いますか。

さくら　　やはり、文字を書くときです。お父さん、紙はいつごろからあったのですか。

父　　　　そうですね。大昔には紙はありませんでした。その代わりに、粘土でつくられた重い板や、木や竹の細い板などに文字を描いていました。（［資料１］）

［資料１］紙のない時代に使われていたもの

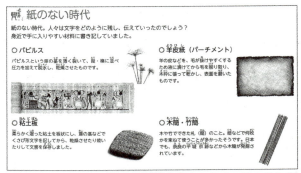

（日本製紙連合会ホームページより作成）

さくら　　わたしは使ったことのないものばかりです。でも、紙の方が扱いやすそうですね。

問１　［資料１］にある粘土板や木簡・竹簡よりも、紙の方が扱いやすい理由を説明しなさい。

さくら　　文字を書くとき以外にも紙が使われている場合があります。

父　　　　そうですね。日本は中国から古い時代に紙が伝えられ、世界の中でも紙が早くから使われている国の一つです。そして、紙は文字を書くとき以外でも、さまざまなことに使われてきました。次の［資料２］の写真は何か分かりますか。

［資料２］書院造

（写真提供：奈良市観光協会）

［資料３］傘、提灯、扇子

父　　　　この写真は、室町時代に広まった書院造の部屋です。現在の和室や日本間などは、この書院造がもとになっています。

さくら　　和室には障子やふすまがありますね。

父　　　　障子やふすまの多くは木の枠に紙がはられています。昔の日本では、ほかにも生活の中で紙を使ったものがありました。

さくら　　［資料３］のような傘、提灯、扇子などがそうですね。でも、どうして紙が使われているのでしょうか。紙はいつか破れてしまいます。

父　　　　それでも紙を使うのは、理由がありそうですね。

問２　［資料２］、［資料３］のように、紙は障子、ふすま、傘、提灯、扇子に使われています。紙がこれらに使われている共通する利点を答えなさい。

　ヒント

紙のない時代に紙の代わりに使われていたものと現在の紙を比較してその利点を考察します。紙の特徴を重さや厚さなどから考えると、解答が比較的スムーズに導き出せます。

解き方

問1 紙とかつての粘土板や木簡の特徴を比較しながら考察します。それぞれの特徴を考えてください。

重さ：紙は軽いが、粘土板や木簡は重い。
薄さ：紙は薄いが、粘土板や木簡は分厚い。
収納：紙は折りたたんだり、丸めたりすることができるが、粘土板や木簡は不可能。

以上の特徴を簡潔に文章にまとめます。

問2 問1の紙の特徴から、紙は加工がしやすいということがわかります。また耐久性という点では劣りますが、破れても、破れた部分だけ張り替えることもでき、修繕しやすいという利点もあります。加工のしかたによっては、耐久性や防水性を高めることもできます。

答え

問1　紙は重さが軽くて薄く、また折りたたんだり丸めたりすることができるから。

問2　紙を必要な大きさに貼ることで簡単に加工ができ、また破損しても簡単に修繕ができる。さらに全体の重さを軽くすることができる利点。

身につく力

これまで何度かお伝えしてきたように、思考力を磨く題材は、身近な日常生活の中にあふれています。ふだん、紙を使うメリット

は何か、わざわざ考えることはしないと思います。でも実際に、入試問題として出題され、試験時間内に考えることになるわけです。

　解答を導き出すには、紙という物質をいったん分析・比較しなければなりません。紙が粘土板や羊皮紙、木簡と比べて重さ・薄さ（厚さ）・扱い易さなどの点においてどうなのかを考え、簡潔にまとめます。

　問2に出てきた傘や提灯、扇子に紙を使う共通のメリットは、先の問1で分析できていれば、答えは出ているかもしれません。ただ、「共通する」というところが、さらに思考力を要するところ。それぞれの形や大きさに加工しやすい、骨組みに貼り付けやすい、修繕しやすいなどのメリットを導き出せるかどうかがポイントです。

　発想力は、机に向かっているだけでは養われません。ぜひ外に出て、色々なものを見るように心がけましょう。

[2017 札幌市立札幌開成中等教育学校]

次のイラストは、山本さんのクラスの本棚です。このイラストと、あとに続く会話文をよく読んで、1と2の問いに答えましょう。

※本の題名や著者名などは○で表しています。

山本さん　私たちのクラスで人気の高い本のベスト3を調べたら、『マナビーの冒険』『カイ星語の学び方』『開成ロボ入門』の3冊だったね。

大西さん　そうだね。今度読んでみようかな。あれ、人気の3冊は、本棚のどの位置にあるのかな。えーと、『マナビーの冒険』は、横積みになっているけど、一番上の棚にあるね。残りの2冊はどこにあるのかな。

山本さん　本の題名は見えないしまい方をしている本もあるから、すぐにどれがどの本かわからないね。探してみるね。あった。真ん中の棚に『開成ロボ入門』があるのを見つけたよ。

大西さん　じゃあ、『カイ星語の学び方』も丁寧に探したらみつかるね。きっと。

問1 イラストや会話文から、山本さんのクラスの本棚には、本棚として利用するために、改善した方がよい問題点があると考えられます。あなたは、この本棚にはどのような問題点があると思いますか。次の例にならって、あなたが気づいた問題点を、他の人に伝わるような文にして、10個書きましょう。

例： 本棚の外側に本が立てかけられている。

問2 山本さんのクラスでは、みんなで話し合って、本棚として利用するための改善をするために、みんなで意見を出し合うことになりました。あなたなら、どのような問題点をどのように改善しますか。山本さんのクラスの人たちに改善案を説明する文章を書きましょう。

なお、次の条件に合わせて書くようにしてください。

条件ア 問1であなたが取り上げた問題点を1つだけ書いてください。

条件イ 条件アで取り上げた問題点の何が問題なのか、その理由を書くようにしてください。

条件ウ 条件イで書いた理由を踏まえて、問題点を改善するための方法について、具体的な例を示しながら書くようにしてください。

条件エ 文章は、150字以上、200字以内で書いてください。「。」や「、」も1字として数えてください。

ヒント

イラストと会話文から本棚の利用法についての問題点を洗い出し、そのうちの1つについて改善案を説明します。会話文の中には、本棚がどのように不便な状態であるかがさりげなく示され、問題点を取り上げる際のヒントになっています。イラストの本の細かな置き方にも注意してください。

解き方

問1 イラストと会話文を参考に、本棚の利用法についての問題点を挙げていきます。指定が10個と多いので、細かな違いも見落とさずに取り上げていく必要があります。

まず会話文に注目すると、「横積みになっているけど」、「本の題名が見えないしまい方をしている本もあるから、すぐにどれがどの本かわからない」という問題点が示され、「人気の高い本」の位置がわかりづらいことも話題にのぼっています。よって、「本の上に本を積み上げている」、「背表紙を裏側にして本をしまっている」、「人気の本が一か所にまとまっていない」の3つが挙げられます。次にイラストに注目します。全体的に見ると、「本のしまい方が乱雑である」、「本がななめに倒れている」ことが挙げられ、部分的に見ると、まず本棚の上の部分で、「本棚の上に本を置いている」、「本棚にかさが立てかけられている」の2点があります。一番上の棚では、「本棚に本以外のものが入っている」、真ん中の棚を見ると、「棚の高さよりも背の高い本がある」、一番下の棚では「本の手前に本を立てかけている」ことが挙げられます。

問2 ア～ウの3つの条件に当てはまる文をそれぞれ考えます。
条件ア　私は、背表紙を裏側にして本をしまっているのが問題であると思います。
条件イ　なぜなら、そのようにしまうと、どの本をどこにしまっているのかがすぐにわからないという問題点があるからです。
条件ウ　そこで私は、本棚の横のかべに、「本の題名が見えるようにしまっていますか」というポスターを掲示したいと思います。そうすることで、うっかり背表紙を裏側にしたまましまうのを防ぐことができると思います。
その後、上記を条件エの文字数に収まるようにまとめます。

> 答え

問1 本の上に本を積み上げている。背表紙を裏側にして本をしまっている。人気の本が一か所にまとまっていない。本のしまい方が乱雑である。本がななめに倒れている。本棚の上に本を置いている。本棚にかさが立てかけられている。本棚に本以外のものが入っている。棚の高さよりも背の高い本がある。本の手前に本を立てかけている。

問2 私は、背表紙を裏側にして本をしまっているのが問題であると思います。なぜなら、そのようにしまうと、どの本をどこにしまっているのかがすぐにわからないという問題点があるからです。そこで私は、本棚の横のかべに、「本の題名が見えるようにしまっていますか」というポスターを掲示したいと思います。そうすることで、うっかり背表紙を裏側にしたまましまうのを防ぐことができると思います。（183字）

 身につく力

問1の設問に答えることによって、まず「思考の整理」がスタートします。本棚にどのような問題点があるのかを洗い出す作業です。ここで注目したいのは「他の人に伝わるような文にして」と書かれていること。思考することも大事ですが、その結果を他人に伝わるように表現することが重要なのだという学校からのメッセージでしょう。問2で、問題点を改善するための方法について、具体的な例を示しながら書くのですが（条件ウ）、その前に、条件ア、条件イで、思考の整理をさせています。それを踏まえて解答

者は 150 字以上 200 字以内で書くわけです。

　ブレストなどで問題点をできるかぎり洗い出し、最終的に担当部署や全社で取り組むような場合、一人ひとりが、上記のような「思考の整理」ができれば、改善は進んでいくはずです。

[2017 広島県立広島中学校]

☆☆☆☆☆

太郎くんは、夏休みに家族で山登りに行くことになりました。次の会話は、太郎くんとお父さんが話したものです。

太郎　　「お父さん、県広山に登るんだよね。」

お父さん　「そうだよ。これは県広山の地図だよ。県広山の山頂に行くには、地図を見るといくつか道があるから、どの道を通って登ろうかと考えていたんだよ。登るためのメモもあるから、考えてみるかい。これが県広山の地図とメモだよ。渡しておくよ。」

太郎　　「分かった。県広山の地図とお父さんにもらったメモを参考に⑦から㋛のどの道を通って山登りをするか計画を立ててみるよ。出発する地点はAからCの3つの地点があるけど、どこから出発してもいいよね。」

お父さん　「いいよ。山登りの計画を立ててごらん。」

(県広山の地図)

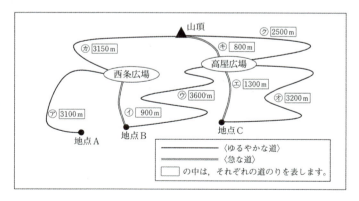

（お父さんにもらったメモ）

> ○登りはじめてから 2 時間 30 分以内に山頂に到着できるようにする。
> ○途中、西条広場または高屋広場のどちらかで 20 分間休けいをとる。
> ○＜ゆるやかな道＞では、続けて歩く時間が 60 分以上になる場合は、道の途中で 10 分間休けいをとり、60 分以上続けて歩かないようにする。
> ○＜急な道＞では、続けて歩く時間が 30 分以上になる場合は、道の途中で 10 分間休けいをとり、30 分以上続けて歩かないようにする。
> ○歩く速さは、＜ゆるやかな道＞は時速 3 km、＜急な道＞は時速 1.2km として考える。

あなたが太郎くんなら、どのような計画を立てますか。次の（ ）に、出発する地点 A～C の記号、通る道⑦～⑦の記号、休けいする広場の名前、山頂に到着するまでにかかる時間を書き入れなさい。また、その時間の求め方も書きなさい。

出発する地点→通る道→休けいする広場→通る道→山頂
地点（　）（　）（　　）広場（　）
かかる時間（　　）分

ヒント

与えられた条件に適合する地図のルートを決定し、解答する問題です。条件を正確に理解し、それぞれのルートに必要な時間を割り出します。それをもとに最もふさわしい組み合わせを選択します。

解き方

まず、山頂まで登る条件を整理します。
① 2 時間 30 分（150 分）以内で登る。
② 途中の広場で 20 分休憩する。
③ ゆるやかな道では、60 分以上継続して歩く場合は、途中で 10 分休憩する。
④ 急な道では、30 分以上継続して歩く場合は、途中で 10 分休憩する。
⑤ 歩く速さは、ゆるやかな道では 3km／時（50 m／分）、急な道では 1.2km／時（20 m／分）とする。

次に、それぞれのルートの所要時間を計算します。
㋐ 3100 m（ゆるやかな道）→ 3100 ÷ 50 ＝ 62 分
10 分の休憩が必要なので、合計 72 分
㋑ 900 m（急な道）　　　→ 900 ÷ 20 ＝ 45 分
10 分の休憩が必要なので、合計 55 分
㋒ 3600 m（ゆるやかな道）→ 3600 ÷ 50 ＝ 72 分
10 分の休憩が必要なので、合計 82 分
㋓ 1300 m（急な道）　　　→ 1300 ÷ 20 ＝ 65 分
10 分の休憩が 2 回必要なので、合計 85 分
㋔ 3200 m（ゆるやかな道）→ 3200 ÷ 50 ＝ 64 分
10 分の休憩が必要なので、合計 74 分
㋕ 3150 m（ゆるやかな道）→ 3150 ÷ 50 ＝ 63 分
10 分の休憩が必要なので、合計 73 分
㋖ 800 m（急な道）　　　→ 800 ÷ 20 ＝ 40 分
10 分の休憩が必要なので、合計 50 分
㋗ 2500 m（ゆるやかな道）→ 2500 ÷ 50 ＝ 50 分
休憩不要

ルートの組み合わせを考えます。

1．㋐（72分）→広場（20分）→㋕（73分）＝ 165分　×
2．㋑（55分）→広場（20分）→㋕（73分）＝ 148分　○
3．㋒（82分）→広場（20分）→㋖（50分）＝ 152分　×
4．㋒（82分）→広場（20分）→㋗（50分）＝ 152分　×
5．㋓（85分）→広場（20分）→㋖（50分）＝ 155分　×
6．㋓（85分）→広場（20分）→㋗（50分）＝ 155分　×
7．㋔（74分）→広場（20分）→㋖（50分）＝ 144分　○
8．㋔（74分）→広場（20分）→㋗（50分）＝ 144分　○

上記から、条件に当てはまるものは2、7、8。それぞれの時間と求め方を書いたものが答えとなります。

答え

①（**出発する地点**）B →（**通る道**）㋑ →（**休憩する広場**）西条広場 →（**通る道**）㋕ →（**山頂**）

（**かかる時間**）148分

（**求め方**）[例]3000 ÷ 60 ＝ 50（m／分）、
1200 ÷ 60 ＝ 20（m／分）
急な道を歩く速さ 900 ÷ 20 ＝ 45（分）より、
㋑は 45 ＋ 10 ＝ 55（分）
ゆるやかな道を歩く速さ 3150 ÷ 50 ＝ 63（分）より、
㋕は 63 ＋ 10 ＝ 73（分）　55 ＋ 20 ＋ 73 ＝ 148（分）

②（**出発する地点**）C →（**通る道**）㋔ →（**休憩する広場**）高屋広場 →（**通る道**）㋖ →（**山頂**）

（かかる時間）144 分

（求め方）[例]3000 ÷ 60 = 50（m / 分）、
1200 ÷ 60 = 20（m / 分）

ゆるやかな道を歩く速さ 3200 ÷ 50 = 64（分）より、
㋕は 64 + 10 = 74（分）急な道を歩く速さ 800 ÷ 20 = 40（分）より、㋖は 40 + 10 = 50（分）74 + 20 + 50 = 144（分）

③（出発する地点）C→（通る道）㋕→（休憩する広場）高屋広場→（通る道）㋗→（山頂）

（かかる時間）144 分

（求め方）[例]3000 ÷ 60 = 50（m / 分）、
1200 ÷ 60 = 20（m / 分）

ゆるやかな道を歩く速さ 3200 ÷ 50 = 64（分）より、
㋕は 64 + 10 = 74（分）ゆるやかな道を歩く速さ 2500 ÷ 50 = 50（分）より、㋗は 50 + 0 = 50（分）74 + 20 + 50 = 144（分）

 身につく力

　条件にしたがって、㋐〜㋗までのそれぞれの所要時間を算出し、8 つのルートの所要時間を算出すれば、150 分以内のルートが答えとなります。問題の難易度はそれほど高くありませんが、条件をきちんと把握するところがミソ。道によって違いがある休憩時間の取り方と、歩く速さに留意しなければなりません。

　条件・情報の整理は、題材が複雑になればなるほど重要です。「整理→理解」ができていないと、思考の「整理→展開」が正常に

進みません。

　たとえば上司が、参考になるチラシを指差して「チラシはこの青みたいに真っ青な空の色にしてほしい」と指示したとしましょう。あなたがデザイナーにそのことを伝えるとき、何も見せず「ちょっと薄い青色で」といってしまうと、上司の意図は、きっとチラシに反映されないでしょう。「ちょっと薄い」という表現は、どのくらいの薄さなのか、人によって解釈がバラバラだからです。

　つまり、万人が共通して同じ答えを出すことができる情報を発信するのか、人によっては違う解釈をするかもしれない情報を発信するのかを考えなければいけないということです。

　前者の場合は「答え」までの論理性が最優先です。後者の場合でも、あまりにも自分勝手なものでは、受信者に理解してもらえません。

　ということは、思考力（＝思考を整理し、情報を発信していく）は、その場の「条件」の違いによって働かせ方が違うだけで、すべての人に求められる力であるということです。

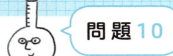

[2018 東京都立小石川中等教育学校・改編]

あさこさんとけんじさんがおじいさんの家に遊びに来て、近くのスーパーマーケットで買い物をしています。

あさこ　国内生産で足りない分は、輸入しないといけないわね。

けんじ　食料の輸入について、何か考えなければいけないことはないかな。

おじいさん　フードマイレージという言葉を知っているかな。

けんじ　聞いたことがない言葉だな。

おじいさん　原料となる農作物やできあがった食料をどれくらい運んだかを表す数値だよ。農作物や食料の重さと運んだ距離をかけ合わせるので、単位は重さと距離をかけ合わせた t・km（トンキロメートル）が使われるよ。

あさこ　お米2tを3km運ぶと、6t・kmになるのね。

おじいさん　そうだよ。輸送にどれほどのエネルギーが使われるかや、どれほどの二酸化炭素が排出されるかを考えるときの目安に使われる考え方だよ。

あさこ　数値が大きいほど、たくさんの農作物や食料を遠くまで輸送しているということになるから、エネルギーをたくさん使うし、二酸化炭素の排出量も多くなるのね。

おじいさん　そうだね。そして、フードマイレージの数値をなるべく小さくしようとする運動があるよ。

けんじ　地産地消という取り組みがあることを学校で習ったよ。地産地消をすると農作物や食料を運ぶ距離が短くなるから、フードマイレージの数値は小さくなるね。

おじいさん　そうだね。資料1を見てごらん。輸入した原料を使う場合と、地元産の農作物を使って地産地消をする場合で、フードマイレージの数値と二酸化炭素排出量がどれほどちがう

		かが分かるよ。
けんじ		フードマイレージの数値を小さくする方が良さそうだね。
あさこ		そうかしら。必ずしもそうとは言えないような気がするわ。
おじいさん		そうだね。たとえば資料2を見てごらん。
あさこ		日本ではなく、イギリスの資料ね。トマトとイチゴを、イギリス国内で生産する場合と、より生産に向いている気候のスペインから輸入する場合とで、必要なエネルギー量と排出される二酸化炭素量を比べているわ。
おじいさん		エネルギー量は、農作物1tを生産したり、輸送したりするためにどれだけのエネルギーが必要かを表しているよ。GJ（ギガジュール）というのは、まだ学校では習っていないだろうけれど、エネルギーの量を表す単位だよ。
けんじ		では、二酸化炭素排出量の単位は、農作物1tを生産したり、輸送したりするために排出される二酸化炭素が何tになるかを表しているんだね。
おじいさん		その通りだよ。資料1、資料2を参考にして、フードマイレージについて考えてごらん。

資料1 大豆1tを原料にして埼玉県小川町で豆腐を作るとき、アメリカ合衆国から輸入した大豆を使う場合と地元産の大豆を使う場合の比較（2008年）

	輸送距離（km）	フードマイレージ（t・km）	二酸化炭素排出量（kg）
輸入した大豆	19968	19968	245.9
地元産の大豆	3	3	0.6

（農林水産省資料より作成）

資料2 トマト、イチゴ1tをイギリス国内で生産する場合とスペインから輸入する場合の比較（2006年）

		必要なエネルギー量（GJ）		二酸化炭素排出量（t）	
		イギリス国内で生産する場合	スペインから輸入する場合	イギリス国内で生産する場合	スペインから輸入する場合
トマト	生産	34.1	4.4	2.1	0.3
	輸送	0.0	3.6	0.0	0.3
イチゴ	生産	12.9	8.3	0.8	0.3
	輸送	0.0	3.0	0.0	0.3

※「生産」の数値は、それぞれの国で生産する間に必要なエネルギーの量と、排出される二酸化炭素の量を示している
※「輸送」の数値は、スペインからイギリスに運ぶ間に必要なエネルギーの量と、排出される二酸化炭素の量を示している

（イギリス環境・食料・農村地域省資料より作成）

問1 フードマイレージの数値を小さくする方が良い理由について、会話や資料をふまえて、あなたの考えを書きなさい。

問2 フードマイレージの数値を小さくする方が必ずしも良いとは言えない理由について、会話や資料をふまえて、あなたの考えを書きなさい。

ヒント

「フードマイレージ」について考察する問題です。「フードマイレージ」が何を示した数字で、その数字が大きくなるとどうなるのか、考察してみましょう。

解き方

「フードマイレージ」とは、農産物や食料をどれくらい運んだかを示す値であり、数値が大きくなるほど、輸送にたくさんのエネルギーが消費されていることを示します。特に海外から多くの食料を輸入した場合、エネルギー消費ばかりでなく、そのエネルギーの燃焼などにより、二酸化炭素の発生も伴います。

近年よく話題になっている「地産地消」のように、地元で取れる食料を地元で消費する場合、輸送に伴うエネルギー消費が少なくなるので、逆に「フードマイレージ」の値は小さくなります。

環境面を考えた場合、「フードマイレージ」の値を小さくしたほうがいいのですが、物事には長所と短所の両面が存在します。「フードマイレージ」の値を小さくした場合の長所と短所を考察してみましょう。

長所…輸送距離が短くなることで、輸送コストの軽減が図れる。
　　　二酸化炭素排出量の軽減による環境への配慮。
　　　地域の農業振興に寄与する。
短所…輸送量削減に伴い、運送業への負の影響が考えられる。

また、海外からの輸入を減らし、国内で生産することを増やした場合、「フードマイレージ」自体の値は小さくなりますが、「フードマイレージ」はあくまで輸送に伴うエネルギーの消費のみを数値化したものであり、生産に必要なエネルギーは別になります。

たとえば、農産物の中には気候的条件でその国での生産に見合わないものもあり、無理に生産するとなれば、かえって海外から輸入するより多くのエネルギーが必要になってしまう場合があります。ですので、輸送コストを減らすために国内で生産して、輸送に伴うエネルギー消費は抑えても、生産に伴うエネルギー消費

が増えて、トータルで全体のエネルギー消費量が増大する場合もあります。その場合は、逆に海外からの輸入を行ったほうが全体のエネルギー消費量を抑えられる場合もあるという点を考察する必要があります。

答え

問1 地元で生産した農産物を使用するので、地域の農業振興に役立つ。また、輸送距離の短縮に伴い、二酸化炭素排出量を減らし、環境によい影響を与えられる。

問2 農産物の気候に合った国から輸入したほうが生産に伴うエネルギー消費を抑えることができる場合がある。また、運送業の振興に寄与することができる。

 身につく力

「フードマイレージ」という言葉の意味を、登場人物の会話文から理解しなければなりません。
　◎農産物の輸送にどれほどのエネルギーが使われるか
　◎どれほどの二酸化炭素が排出されるか
　◎地産地消の取り組みとフードマイレージの関係
　◎必要なエネルギー量と排出される二酸化炭素量の比較表

　上記の読み取りなどを条件・情報としてインプットし、フードマイレージの数値の大小の良し悪しについて、「整理→構築→判断→編集→表現」という順に考えていきます。

　題材やテーマが一見難しそうに見えても、設問文は会話スタイルになっていて理解しやすくなっています。思考の「整理→構築

→判断→編集→表現」を行う能力は、今回のような問題に取り組むことで養われます。

おわりに

　入試問題を解いてみていかがでしたでしょうか。

　この本に触れるまで、小・中学校のときに算数や数学、理科が嫌いになり、そこから今まで遠ざかっていた……という方も多いことでしょう。

　しかし、「はじめに」でもお伝えしましたが、「理系脳」は誰もが持っているもの。それを使わずに機能させていないだけなのです。

　脳はいくつになっても成長するといわれています。ぜひ「自分は文系だから」と、自分の能力に限界をつくらないでください。いつの時代も、生き残るのは変化に前向きな人です。本文中にも書きましたが、解けなくてもいいので、時間を見つけてはこの本に載っている問題を眺めてみてください。そして、きたるべきＡＩ全盛時代に備えていただきたいと思います。

　なお本書の「解き方」を読んで、学校や学習塾の先生方の中には、もっとわかりやすい解き方があるのに……と思われた方もいらっしゃることでしょう。ただ今回は、「情報や条件の整理」を通して思考力や理系脳を強化することに着目していることをご理解いただけると助かります。また、「情報や条件の整理」をするために、連立方程式なども使っています。固くなった頭をやわらかくするつもりで問題を解いていただけたら、うれしく思います。

また本書では、とりわけ「理系脳」を話題にしましたが、当然ながら「文系脳」がどうでもいいというわけではありません。言葉を使う論述などは、「文系脳」が機能しないと作成できません。「文系脳」につきましては、機会に恵まれましたら、採り上げさせていただきます。

　最後になりましたが、編集者の大島永理乃さん、株式会社ユーデック編集部のみなさんには、【解答と解き方】作成にあたり、大変お世話になりました。また、本書に入試問題の掲載許可をくださった全国の公立・私立中学校各位、関係者のみなさまにも深く感謝を申し上げます。
　本書を通じて少しでも理系脳が目覚め、日々の仕事に前向きに取り組めるようになっていただければ幸いです。

植田 実

植田 実（うえだ・みのる）

1956年大阪府生まれ。ユーデック教育研究所所長。
大学卒業後、広告代理店に入社。広告営業と並行して記事の執筆を行う。その後新会社を立ち上げ、学習塾を対象とした情報誌を創刊。10数誌の編集に携わる。1999年、株式会社ユーデックに参画。受験情報を発信する専門機関・ユーデック教育研究所所長として、『東京都公立高校入試問題集』、受験情報誌『がくあん』、中学受験向け情報誌『モファラン』などの編集を行う。これまで入試問題の作成・解説に関わってきた学校数はのべ1000校。また約30年間、一貫して私立中高受験・入試の情報収集・提供に携わってきたキャリアを活かし、各地での講演や学校向けのコンサルティングも行っている。今回が初著書となる。

◆ホームページ　https://www.youdec.jp

視覚障害その他の理由で活字のままでこの本を利用出来ない人のために、営利を目的とする場合を除き「録音図書」「点字図書」「拡大図書」等の製作をすることを認めます。その際は著作権者、または、出版社までご連絡ください。

1日1分でOK!　「解くだけ」で理系脳が目覚める本

2018年7月18日　初版発行

著　者　植田　実
発行者　野村直克
発行所　総合法令出版株式会社
　　　　〒103-0001　東京都中央区日本橋小伝馬町15-18
　　　　　　　ユニゾ小伝馬町ビル9階
　　　　　　　電話　03-5623-5121
印刷・製本　中央精版印刷株式会社

落丁・乱丁本はお取替えいたします。
©Minoru Ueda 2018 Printed in Japan
ISBN 978-4-86280-627-7

総合法令出版ホームページ　http://www.horei.com/